27

A Figura na Clínica Psicanalítica

A Figura na Clínica Psicanalítica

Eliana Borges Pereira Leite

© 2001 Casa do Psicólogo Livraria e Editora Ltda.
É proibida a reprodução total ou parcial desta publicação, para qualquer finalidade, sem autorização por escrito dos editores.

1ª edição
2001

Editor
Anna Elisa de Villemor Amaral Güntert

Coordenação Editorial
Dirceu Scali Jr.

Produção Gráfica & Capa
Renata Vieira Nunes

Arte da capa
Rubens Espírito Santo – Fev. 97

Editoração Eletrônica
Fábio Silva Carneiro

Revisão
João Eugênio Gianetti Jr.

Dados Internacionais de Catalogação na Publicação (CIP)
(Câmara Brasileira do Livro, SP, Brasil)

Leite, Eliana Borges Pereira
 A figura na clínica psicanalítica / Eliana Borges Pereira Leite.   São Paulo : Casa do Psicólogo, 2001.

  Bibliografia.
  ISBN 85-7396-140-6

  1. Imagem (Psicologia) 2. Psicanálise 3. Psicologia clínica I. Título

---

01-2730	CDD-150.195

Índices para catálogo sistemático:
 1. Figura : Clínica psicanalítica : Teoria psicanalítica   150.195
 2. Pensamento visual : Teoria psicanalítica   150.195

Impresso no Brasil
Printed in Brazil

Reservados todos os direitos de publicação em língua portuguesa à

Casa do Psicólogo® Livraria e Editora Ltda.
Rua Mourato Coelho, 1059 Pinheiros – 05417-011 – São Paulo/SP – Brasil
Tel.: (11) 3034.3600 – e-mail: casapsi@uol.com.br

Agradecimentos

Não foi somente do recolhimento nas leituras e dos diálogos interiores com a clínica que se alimentou a escrita deste texto, apresentado como dissertação de mestrado no Programa de Estudos Pós-Graduados em Psicologia Clínica da PUC-SP. O convívio afetuoso e as trocas estimulantes estiveram presentes em todos os momentos. A cada um, meu reconhecimento.

A Renato Mezan, pela confiança e generosidade com que acolheu minhas divagações iniciais e por sua constante disponibilidade. Mais do que orientador, um amigo e um cúmplice que, por vezes, parecia já estar lendo o que eu mal havia começado a rabiscar.

A Luís Carlos Menezes, pela participação fundamental em minha formação, por estar por perto, mais uma vez, e pelos desdobramentos que suscitou com suas observações no exame de qualificação e por ocasião da defesa.

A Luís Cláudio Figueiredo, por suas aulas memoráveis, pelas sugestões e pela sensibilidade com que, na qualificação, estimulou o desenvolvimento dos aspectos clínicos do trabalho.

A Ana Cecília Carvalho, pelo rigor da leitura, pela delicadeza de seus questionamentos e comentários ao participar da banca examinadora e pelas preciosas indicações para pesquisas futuras.

Ao Professor Modesto Carone, que gentilmente acolheu minhas dúvidas literárias, ajudando-me a tecer alguns enlaces fundamentais entre a psicanálise e a literatura.

A Manoel Berlinck, professor e amigo, incentivador "à justa distância", sempre mais interessado nas perguntas do que nas respostas.

A Márcio Peter de Souza Leite, referência de um pensamento crítico e criativo.

Ao Professor Pierre Fédida, por seus valiosos comentários a um dos casos relatados.

A Alcimar A. de Souza Lima, Cristina Cortezzi Reis, Neuza Nogueira Mazzeo e Sônia Marchini, amigos de longa data, colegas no consultório e no Centro de Estudos, pelo incentivo constante e pelo carinho de que me cercaram. A Fátima Cesar e Tereza Elizete Gonçalves, pela amizade.

A Fernando Cantalice de Medeiros, *in memoriam*, pela escuta e parceria na construção de uma história.

Aos pacientes que me fizeram pensar.

Aos colegas da PUC, Camila Pedral Sampaio, Felipe Lessa, Inês Loureiro e Luiz Hanns, pelas contribuições significativas e valiosas indicações de leitura, principalmente nos primeiros momentos da minha reflexão.

Aos colegas com quem tenho o prazer de compartilhar o trabalho na revista *Percurso*, em particular ao querido grupo de revisão, Jassanan Pastore, Lilian Quintão, Maria Auxiliadora Arantes e Marilúcia M. de Alencar, pela compreensão com que assumiram grande parte das minhas tarefas nos meses em que estive concentrada em escrever.

Aos professores e colegas do Departamento de Psicanálise do Instituto Sedes Sapientiae, por muitos momentos de fértil interlocução e pelo incentivo à escrita.

Ao CNPq, pela bolsa que amparou esta pesquisa.

A Angela Maria Cerqueira, pela infinita paciência com que me guiou nos mistérios do computador.

Ao meu filho, Daniel, pelos mesmos motivos e por tantos outros, em particular pela maturidade com que, apesar de tão jovem, soube me ouvir e confortar em alguns momentos críticos. Por seu entusiasmo e energia.

Ao Augusto, meu companheiro.

Aos meus pais.

Mas o que Kublai considerava valioso em todos os fatos
e notícias trazidos por seu inarticulado informante era o espaço que
restava em torno deles, um vazio não preenchido pelas palavras.
As descrições das cidades visitadas por Marco Polo tinham esse dom:
era possível percorrê-las com o pensamento, era possível se perder,
parar para tomar ar fresco ou ir embora rapidamente

Italo Calvino, As cidades invisíveis

Na literatura, percorro a mesma estrada sobre a qual
Freud avança com uma temeridade surpreendente na ciência.
Entretanto, ambos, o poeta e o psicanalista,
olhamos através da janela da alma.

Arthur Schnitzler

Quero conhecer, para melhor sentir;
e sentir, para melhor conhecer.

Paul Cézanne

Sumário

Introdução
Entre as linhas: o trabalho da figura 11
   O retorno aos restos visuais 15
   Trabalhar a figura 20
   Visualidade e saber 31
   Nos espaços... figuras 37

Estudo I
Figura: roteiro de um conceito 39
   Darstellung e figura 51
   Método figural e psicanálise: aproximações 55

Estudo II
Nas bordas da palavra 67
   O homem-sucata 73
   Crise e mudança: destinos do afeto 81

Estudo III
Da fenda da retina à janela da alma 95
   Da anatomia à outra cena 102
   Visual, virtual, figural 112
   Janelas 123

Estudo IV
Entre a dor e o sonho 127
   Laís: a defesa pela realidade 133
   A dor de pensar 144
   Francis: a desinstalação 155

Estudo V
De interpretar sonhos e encontrar cogumelos 165
   A duplicidade délfica 170
   A Darstellung metapsicológica 179
   Imagens, figura, metáfora 189

CONSIDERAÇÕES *197*
REFERÊNCIAS BIBLIOGRÁFICAS *205*

Introdução

Entre as linhas: o trabalho da figura

> *"Escrever e desenhar são idênticos em seu fundo."*
> Paul Klee

O ponto de fuga é, na geometria, o lugar imaginário, pura virtualidade, para onde se dirigem as linhas invisíveis que sustentam um desenho disposto em perspectiva. Entre as linhas, em seus espaços, formam-se as imagens que recobrem o papel ou a tela. Entre as linhas da escrita, por sua vez, toma forma com freqüência o trabalho do pensamento. A tarefa desta introdução é reencontrar os traçados que foram sustentando um esforço de investigação. Trata-se de reconhecer e enunciar as indagações que, de início imprecisas e dispersas, mobilizaram este esforço, bem como de indicar, após um certo percurso de elaboração, as direções que elas foram sugerindo ao pensamento.

A metáfora do desenho ultrapassa aqui sua função de recurso de estilo e de introdução ao texto. Estende-se ao próprio tema, já que é a partir da presença das imagens visuais no funcionamento psíquico do analista que desejo refletir neste projeto. Entre a fala e a escuta há, na análise, *o que se dá a ver*. Nos espaços de uma geometria singular formam-se imagens sustentadas pelas linhas invisíveis de perspectivas fantásticas que se estendem entre o divã e a poltrona. Imagens que introduzem seus enigmas no cerne de um método que se afirma essencialmente como sendo de investigação e de cura pela palavra.

No dia-a-dia da clínica, à cabeceira do divã, são muitos os momentos marcados pela presença de imagens. Ao longo de cada análise elas se sucedem, alternando fugacidade, insistências, transformações. São eventualmente – como filmes ou álbuns de fotografias – o registro que fica de cada analisando que se despede. Da mesma forma, voltam quando alguém nos procura desejando retomar um trabalho analítico após meses, às vezes anos, de interrupção. Nos relatos de situações da clínica são freqüentes as descrições de imagens visuais que ocorrem ao analista enquanto escuta. São vivências desta ordem que produzem as indagações que me conduzem à pesquisa.

Afinal, o que dizer da fonte e do destino, da formação e das operações das imagens que me surpreendem no curso de uma sessão? Parece natural tomá-las como portadoras de alguma forma de conhecimento sobre o paciente ou sobre os processos que estão em movimento na análise, assim como parece natural que participem de alguma maneira no funcionamento psíquico que leva à interpretação. Nada disso, no entanto, acontece sem que esteja presente certo estranhamento que requer reflexão. Não se trata, com efeito, de que o analista se ponha a "ver coisas", no sentido comum da expressão, deslizando para traduções simplistas ou selvagens daquilo que vê. Nem é o caso, tampouco, de buscar extrair das abstrações da teoria as legendas que, como num filme, preencheriam o intervalo entre a imagem e o entendimento. Ao suspender o olhar face a face, o dispositivo analítico instala em posições assimétricas os ocupantes da poltrona e do divã. A esta assimetria corporal corresponde uma assimetria perceptiva[1], condição em que a sucessão de falas e silêncios não dispõe, para organizar-se, das referências usuais presentes na reciprocidade do olhar e que, por certo, exerce seus efeitos sobre o funcionamento peculiar da relação entre a palavra e a imagem na análise.

"Uma vida em movimento pede para ser escutada com o olho e vista pelos ouvidos". Assim se refere Renata Cromberg[2] a este funcionamento em que o pensamento encontra-se despojado de suas articulações habituais. Distinguindo-se dos efeitos de fantasias pessoais do analista ou de sua relação imaginarizada com a própria teoria, tem lugar na análise uma modalidade de escuta que acolhe a *função ima-*

---

1. Expressão que tomo emprestada do editorial da *Nouvelle Revue de Psychanalyse*, no 35, 1987.
2. Cromberg, R. : "Algumas coordenadas de leitura de *A interpretação dos sonhos*", in Alonso, S. L. e Leal, A. M. S. (org.) *Freud: um ciclo de leituras*, S. Paulo, Escuta, 1997, p. 24 e ss.

ginativa do analista, na qual o pensamento por imagens toma como referência o trabalho do sonho. Como afirma Freud, em 1900, cabe às imagens visuais uma predominância sobre as impressões acústicas e dos demais sentidos que também participam da elaboração onírica. Em continuidade com esta formulação, a mesma autora observa que "a escuta pelas imagens não é a única possível numa análise, mas é a que mais coloca o ouvido na posição de um olho capaz de acompanhar o curso de uma fala, de se aproximar da disposição inconsciente". São reflexões de que compartilho e que tomo por empréstimo nesta introdução, pois expressam na justa medida o contexto em que procuro inscrever meu interesse pelo pensamento visual no funcionamento psíquico do analista e sua participação nas condições que conferem à linguagem na análise sua especificidade. Penso, então, em examinar esta presença da visualidade, esta aproximação maior com os processos inconscientes, seus caminhos e vicissitudes em direção à palavra, acompanhando as elaborações de Freud a respeito, esbarrando em seus eventuais impasses e, quando possível ou necessário, fazendo trabalhar suas concepções através de recortes da clínica e pelo diálogo com outros autores.

O retorno aos restos visuais

Entre as formulações de Freud sobre o pensamento visual, destaca-se a que se encontra no segundo capítulo de *O Ego e o Id*. Retomando um tema já abordado em 1915, no artigo "O inconsciente", ele comenta, mais uma vez, as diferenças entre os sistemas Inc. e Prec. pela natureza de suas representações, respectivamente de coisa e de palavra. Em seguida, examina, no texto de 1923, as possibilidades de enlaces ou trânsito entre os sistemas e se refere ao pensamento por imagens, indicando ao leitor como compreendê-lo:

"Não devemos, no entanto, esquecer ou negar a importância dos restos mnêmicos ópticos – das coisas – nem tampouco a possibilidade de um acesso dos processos mentais à consciência por retorno aos restos visuais, possibilidade que parece predominar em algumas pessoas. O estudo dos sonhos e das fantasias pré-conscientes pode dar-nos uma idéia da peculiaridade deste pensamento visual. Nele só se faz consciente o material concreto das idéias e, em troca, não se dá qualquer expressão visual às relações que as caracterizam especialmente. Não constitui, assim, mais do que um acesso imperfeito à consciência, encontra-se mais próximo dos processos inconscientes do que o pensamento verbal e é, sem dúvida, mais antigo do que este, tanto ontogênica quanto filogenicamente."[3]

É, portanto, na condição de restos mnêmicos ópticos – resíduos de memória de coisas vistas – que as imagens visuais são consideradas por Freud. Elementos de uma operação, um retorno, pelo qual processos inconscientes encontram um meio de acesso à consciência. O pensamento por imagens supõe uma concepção de memória que, como sabemos, Freud elabora em diferentes versões ao longo dos anos, até chegar à noção de um complexo sistema de inscrições, sujeitas a constantes reordenamentos, cuja compreensão ele remete, nesta passagem, ao estudo dos sonhos. Acompanhar sua construção desta teoria da memória do sonho será então, mais adiante, uma das linhas no traçado que sustenta meu desenho/investigação.

O pensamento visual "parece predominar em algumas pessoas". Como quem não pretende esticar o assunto, Freud levanta uma hipótese por meio desta breve alusão que não deixa, contudo, de produzir seus efeitos. Evoca em minha lembrança a observação de um supervisor segundo o qual, por vezes, os relatos clínicos que eu lhe fazia pareciam "projeções de filmes ou de *slides*". Ele teve, sem dúvida, seu papel, ao assinalar, já se vão alguns anos, a forte presença da visualidade na minha própria escuta, deixando-me às voltas com a questão que ainda hoje continuo a investigar. Ao dispor-se a apreender pela atenção flutuante os encadeamentos inconscientes presentes na fala do analisando, o analista entrega-se a processos associativos da natureza do devaneio ou, como sugere Freud, "à sua própria atividade mental inconsciente".[4] Regida inicialmente pelo processo primário, esta matéria-prima pede ela-

---

3. Freud, S.: *O Ego e o Id*, in *Obras Completas*, Madrid, Biblioteca Nueva, 4a ed., 1981, vol. III, p.2706.

4. Freud, S.: "Psicanálise e teoria da libido: Dois artigos de enciclopédia", in *Obras Completas, op. cit.*, vol. III, p. 2664. Autores posteriores, Bion, particularmente, irão referir-se a estes processos associativos designando-os pela noção de "reverie" que assinala sua semelhança com o sonho mas mantém a singularidade desta produção inconsciente do analista na sessão.

boração e expressão em seu pensamento e em suas intervenções na sessão. A visualidade, cuja predominância no sonho já havia sido enfatizada por Freud, não exclui outras modalidades associativas que podem estar mais ou menos presentes na escuta de cada analista, quer por suas próprias características pessoais ou mesmo por peculiaridades de cada análise. Entretanto, entre tais modalidades, o pensamento visual talvez seja o que melhor permita elucidar as complexas passagens do processo primário ao secundário, do funcionamento por associações sensoriais ao pensamento verbal, que se tornam possíveis na análise. O retorno aos restos visuais pode servir de referência à compreensão dos demais modos de acesso do inconsciente à consciência, o que bem justifica a recomendação de que não se deve esquecê-lo ou negar sua importância.

Imagens visuais são também, como sabe o leitor de Freud, presença constante em suas elaborações teóricas. Como observa Lydia Flemm,[5] ele "passa de imagens pessoais, com ressonâncias íntimas, para fontes culturais, que podem ser compartilhadas por todos, a fim de dar forma a noções extremamente abstratas, por vezes até especulativas". Freud mantém com a imagem uma relação marcada por permanente ambigüidade, oscilando entre a fascinação e a desconfiança. Embora procure justificar seu uso como "representações auxiliares que facilitam a aproximação a fatos desconhecidos"[6], a densidade metafórica de sua escrita ultrapassa de longe esta intenção restrita e revela uma disposição interna em que o pensamento por imagens torna-se um modo singular de produção de conhecimento. Atenta a esta oscilação, Monique Schneider a formula nos termos de "uma estranha gemelaridade entre aventura literária e projeto científico"[7], observando que, ao dar a palavra ao sonho, Freud corre o risco de ver desestruturado um projeto inicialmente de índole positivista. Para preservá-lo, ele inscreve as visões do sonho em um modelo objetivante, tomando-as não como "revelações" imediatas mas como elementos de um imaginário regrado, meio de expressão de pensamentos e sentidos, conforme

---

5. Flemm, L.: *O homem Freud , o romance do inconsciente*, Rio de Janeiro, Campus, 1993, p.235.
6. Freud, S.: *A interpretação dos sonhos*, cap. VII, in *Obras Completas, op. cit.*, vol. I, p.672
7. Schneider, M.: *Père, ne vois tu pas...?*, Paris, Denoel, 1985, p.10.

uma das tendências dominantes em seu próprio espírito. Estas considerações entrelaçam-se às de outros autores, fornecendo mais uma direção de reflexão em que é possível examinar a relação de Freud com a visualidade a partir, por um lado, dos determinantes culturais e pessoais que o marcaram como pesquisador e, por outro, da própria natureza do seu objeto, o inconsciente, e de seu mensageiro, o sonho. Na mesma direção, é possível interrogar os efeitos desta relação quanto ao lugar conferido ao pensamento visual na atividade teorizante e na escuta do analista.

Ao indicar o estudo dos sonhos ao leitor de *O Ego e o Id*, Freud deixa claro, mais uma vez, o valor paradigmático que atribui às noções contidas em sua grande obra de 1900. A compreensão das peculiaridades do pensamento visual é, portanto, aquela a que se chega pela leitura, em particular, do capítulo VI da *Interpretação dos Sonhos*. Entre os recursos empregados pela elaboração onírica para produzir, a partir das idéias latentes, o sonho manifesto, encontra-se a consideração pela figurabilidade – *Rücksicht auf Darstellbarkeit* – responsável pela transformação dos pensamentos do sonho em imagens visuais. Imagens oníricas são pensamentos figurados, e a esta mesma condição é assimilado o "retorno aos restos visuais" mencionado no ensaio de 23. Tal como no sonho, o que se apresenta no pensamento visual não são propriamente reproduções pictóricas de idéias, mas seu material concreto. Despojadas de conexões lógicas que indicariam seus valores e relações na cena psíquica, as imagens encontram-se, assim, disponíveis ao funcionamento que caracteriza o sistema inconsciente, ao regime e aos mecanismos do processo primário. Recortados da memória, os restos mnêmicos ópticos emprestam sensorialidade a conteúdos e processos inconscientes que, deslocados e condensados, deles se apropriam para ter acesso à consciência. Trata-se, diz Freud, de um acesso imperfeito, se comparado ao pensamento verbal. Mas, ainda assim, um acesso que tem sua importância, como ele observa no início de seu comentário. Afinal, o pensamento visual tem o sonho como referência e, cabe lembrar, a interpretação das imagens oníricas é "a *via regia* para o conhecimento do inconsciente"[8].

---
8. Freud, S.: *A interpretação dos sonhos*, cap. VII, in *Obras Completas, op. cit.*, vol. I, p.713.

Na fala a serviço da comunicação e do vínculo social existe uma simetria que se apoia no olhar face a face. É com a ruptura desta condição que pode surgir na análise o pensamento visual próximo do sonho. A assimetria corporal e perceptiva presente no dispositivo analítico permite que o olhar do analista seja flutuante como sua escuta, de modo a dispor de seus próprios restos mnêmicos visuais de forma fragmentada e associativa. Pierre Fédida, autor que reflete com muito refinamento sobre este tema, refere-se a uma escuta que, reservada em seu silêncio, dispõe-se em ressonância com a fala do analisando, com seu lado interior, e nesse recolhimento a imagem é, como no sonho, da ordem da figura. A fala em análise tem o poder de despertar a memória, não como lembrança mas enquanto reminiscência de um passado anacrônico que se torna presente em imagens sensíveis. A escuta do analista é, então, como uma superfície em que a fala ressoa, permitindo que se rompa a lógica discursiva e possam surgir, com as imagens, as tonalidades afetivas : "A via associativa da fala tonaliza as qualidades de um afeto pelo fato de a linguagem restituir às palavras da fala o poder reminiscente de suas imagens."[9]

Ao concluir seu comentário sobre o pensamento visual, em O Ego e o Id, Freud o considera mais próximo dos processos inconscientes e mais antigo do que o pensamento verbal tanto ontogênica quanto filogenicamente. Algumas reflexões, também de Fédida, parecem ir ao encontro destas observações, pois atribuem à escuta por imagens um entendimento não conceitual do que, na linguagem, antecede sua forma falada. A escuta por imagens tem uma capacidade de recepção da "coisidade sensorial das palavras"[10], dimensão estética anterior à formalização sintática e semântica que se dá na comunicação, da qual a própria linguagem se distancia quando ingressa no regime da significação e da discursividade. O retorno às imagens e sua colocação em figuras realiza um *trabalho de desalienação da linguagem* de sua função convencional e restaura sua capacidade de apresentar o desenho interno da fala.

---

9. Fédida, P.: "A ressonância atonal. Sobre a condição de linguagem do analista", in *Nome, figura e memória. A linguagem na situação psicanalítica.* S. Paulo, Escuta, 1991, p. 202 e 203.
10. Idem, p.199.

Como no sonho, restitui às palavras sua virtualidade e sua mobilidade, permitindo que se instale a atividade de renovação, ou antes, de engendramento constante da própria linguagem, que confere à escuta na análise sua especificidade.

Trabalhar a figura

O traçado que vem sendo percorrido nestas reflexões iniciais acompanha as indicações de Freud, tomando o trabalho do sonho como referência para a compreensão da presença e do trabalho figural das imagens no pensamento visual e, por extensão, na escuta analítica. O valor paradigmático do sonho estende-se também, como sabemos, à própria concepção do aparelho psíquico, tal como é construído e posto em movimento no capítulo VII e, ainda, à compreensão da clínica, aspecto que Freud enfatiza já desde o primeiro prefácio à *Interpretação dos Sonhos*: "quem não chegar a compreender a gênese das imagens oníricas, se esforçará em vão por compreender as fobias, as idéias obsessivas, os delírios, e por exercer sobre estes fenômenos algum influxo terapêutico".[11]

Incluídos pelos pacientes em seus tratamentos, os relatos de sonhos ganham relevo na escuta de Freud por se articularem às cadeias de representações cuja compreensão elucida a neurose. A concepção de um aparelho psíquico – de início um aparelho de sonhar – é o fruto do empenho de Freud em entender a formação do sonho e este acaba por se tornar, junto com o próprio aparelho, o modelo dos demais fenômenos que se apresentam na clínica e das operações psíquicas em sua generalidade. Anos mais tarde, ao redigir um novo prefácio, ele comenta que o aprofundamento da compreensão da neurose pode, por sua vez, incidir sobre a concepção do sonho e de seus processos, exigindo que, ao longo do tempo, sua teoria passe por reformulações e acréscimos.

O comentário inserido em *O Ego e o Id* a respeito do pensamento visual faz parte de um raciocínio que se refere, como mencionei,

---

11. Freud, S.: *A interpretação dos sonhos*, in *Obras Completas*, op. cit., vol. I, p. 343.

ao trânsito das representações entre os sistemas. A argumentação de Freud, nesta passagem, sustenta-se nas concepções elaboradas no texto de 1915, "O Inconsciente" que está, por seu turno, em continuidade com a metapsicologia do sonho. Assim, ele não considera, neste comentário, a perturbadora questão econômica com que havia se deparado três anos antes, em *Além do princípio do prazer*, ao examinar o sonho repetitivo da neurose traumática. Neste caso, em particular, é preciso admitir que as imagens oníricas podem estar a serviço de uma tendência que antecede e é mais imperiosa do que a realização de desejos. O sonho repetitivo demonstra o esforço do aparelho psíquico para dominar o excesso de excitação gerado pelo acontecimento traumático. Ainda no ensaio de 1920, Freud se refere à excitação pulsional como equivalente interno das impressões traumáticas e estende à necessidade de domínio desta excitação o mesmo trabalho de ligação que antecede a entrada em vigor do princípio do prazer e de seu sucessor, o princípio da realidade.[12]

Há certos sonhos, portanto, em que as imagens visuais não resultam de um processo de transformação dos pensamentos latentes em seu material concreto, tal como Freud havia descrito a consideração pela figurabilidade na *Interpretação dos Sonhos*. Embora se trate, sem dúvida, de um "retorno aos restos mnêmicos ópticos", estes não se articulam ainda, no sonho traumático, em função de uma dinâmica de representações que buscam acesso à consciência. Trata-se aí de uma presença das imagens a serviço, inicialmente, da recepção e apresentação das excitações pulsionais no próprio aparelho, um trabalho que antecede a elaboração onírica e que talvez seja mesmo uma das condições para que esta possa ocorrer. O que o sonho da neurose traumática permite isolar e considerar é uma dimensão da imagem enquanto trabalho de registro do inédito, dimensão que, por outro lado, pode não estar ausente também dos sonhos mais elaborados, bem como do pensamento visual a que se refere o comentário em *O Ego e o Id*. Uma dimensão receptiva e disponível à intensidade estaria presente ao mesmo tempo e nas mesmas imagens que servem à expressão visual dos pensamentos latentes já presentes no psiquismo.

---

12. Freud, S.: *Além do princípio do prazer*, in *Obras Completas, op.cit.*, vol. III, p. 2523.

Nos parágrafos seguintes àquele em que se refere aos restos visuais, Freud menciona a série "prazer-desprazer", cuja importância e base metapsicológica foi objeto de estudo anterior, como um caso particular em que, embora inadequadamente, é possível falar em "sentimentos e sensações inconscientes". Os elementos desta série comportam-se "como impulsos recalcados" e, embora não sejam propriamente representações, precisam, como aquelas, chegar ao sistema perceptivo para tornar-se conscientes. Entretanto, se para as representações recalcadas o acesso à consciência requer o enlace a elos intermediários pré-conscientes – restos verbais – o mesmo não é necessário no caso destes sentimentos e sensações que se comportam como o recalcado. Freud afirma que "a diferenciação entre Cc. e Prec. não faz sentido no que diz respeito às sensações, que somente podem ser conscientes ou inconscientes. Inclusive quando se acham ligadas a representações verbais não devem a estas seu acesso à consciência, pois chegam a ela diretamente"[13]. Nada se esclarece a respeito deste acesso direto, não mediado pela palavra. Talvez se possa considerar, então, a possibilidade de que a tais sentimentos e sensações convenha ou baste o enlace transitório de sua intensidade a representações-coisa, restos sensoriais predominantemente visuais e disponíveis no próprio sistema Inc., que assim lhes forneçam formas perceptíveis de chegar à consciência. Por outro lado, isto não significa que a palavra não venha, a seguir, enlaçar-se a estas *apresentações* de elementos da série prazer-desprazer, nomeando-as e dando continuidade à sua movimentação e elaboração na dinâmica psíquica.

Freud se depara em muitos momentos com a intensidade que se transporta na visualidade. É a ela, por certo, que ele faz alusão quando, ao discorrer sobre a regressão no capítulo VII, menciona a "renovação da excitação visual", e a "força de atração das cenas visualmente recordadas que se enlaçam às idéias latentes"[14]. Também é esta intensidade que se faz notar na natureza alucinatória do sonho, efeito da tendência à identidade de percepção que é "esta primeira atividade psíquica (...) ou seja, a repetição daquela per-

---

13. Freud, S.: *O Ego e o Id*, seção II, in *Obras Completas*, op. cit., p. 2706-2707.
14. Freud, S.: *A interpretação dos sonhos*, cap. VII, in *Obras Completas*, op. cit., p. 678-679.

cepção que se acha enlaçada à satisfação da necessidade"[15]. A identidade de percepção é, portanto, o recurso inicial do aparelho psíquico tanto para expressar o desejo que busca presentificar-se realizado, quanto para dar conta do que, vivido como excesso, confere à intensidade pulsional uma natureza traumática. Este duplo compromisso da visualidade não escapa à atenção de um autor que se dedica especialmente ao tema. No belo ensaio cujo título é, justamente, "A atração do sonho", J.-B. Pontalis sugere que a identidade de percepção é, por um lado, buscada pelo sonhador – que assim obtém ou acredita obter a realização do desejo – enquanto, por outro, na vertente do excesso traumático, ela se impõe e submete o sonhador a um trabalho de tecelagem artesanal, à espera de que "da catástrofe nasça um enredo que não seja mais uma catástrofe"[16]. Desejo e trauma, satisfação e dor, elaboração e repetição se conjugam assim, dando relevo, na visualidade freudiana, ao que pode ser a presença da intensidade pulsional, *no limiar da representação.*

"O ato de pensar", diz Freud, "não é outra coisa senão a substituição do desejo alucinado".[17] Na vida desperta, a identidade de percepção, inadequada tanto à satisfação concreta do desejo quanto ao afastamento efetivo da dor, dá lugar ao complexo funcionamento secundário da identidade de pensamento. Ineficaz no trato da realidade, a identidade de percepção continua presente no trabalho do sonho, a serviço da regressão, no processo de transformação dos pensamentos em imagens em que consiste a consideração pela figurabilidade. O empenho de Freud em fazer do sonho um ato psíquico interpretável leva-o a inscrever o retorno às imagens na tópica e na dinâmica das representações e o sonho da neurose traumática vem, por outro lado, fazer limite a esta inclinação. O retorno *à imagem* serve, por certo, à expressão disfarçada de pensamentos inconscientes e, nesta vertente, Freud assimila o trabalho da análise a uma tradução, por meio do deciframento das imagens

---

15. Idem, p. 689.
16. Pontalis, J.-B.: "A atração do sonho", em *A força de atração*, Rio de Janeiro, Jorge Zahar Editor, 1990, p. 36.
17. Freud, S.: *A interpretação dos sonhos*, cap. VII, in *Obras Completas, op. cit.*, vol. I, p. 690.

e de seu enlace com as palavras. Mas há também aí o retorno *da imagem*, primeira atividade psíquica, trabalho inicial de recepção e apresentação do pulsional que se inscreve nos primeiros traços e se transporta às representações-coisa, aos restos predominantemente visuais que povoam o inconsciente.

Em seu artigo, "Perder de vista", Pontalis tece considerações que permitem aprofundar a reflexão sobre a natureza do visual, tal como se dá no sonho e na análise, e assinala a presença, no pensamento de Freud, de uma ambigüidade não admitida. A figurabilidade pode ser entendida, por um lado, como um recurso de natureza secundária, meio de expressão, derivado da restrição motora que caracteriza o sono, não havendo nesta perspectiva uma relação consubstancial entre o visual e o inconsciente. Numa segunda possibilidade, "a relação entre o visual e o inconsciente não é contingente, mas essencial"[18]. O sonho procura, então, restituir uma imagem de presença real e, nesta vertente, o visual é da própria natureza do inconsciente. Para Pontalis, na transformação do pensamento em imagens a que Freud se refere há margem para um "poder de encarnação" próximo do que Merleau-Ponty procurou destacar em suas elaborações sobre o gesto do pintor. Na passagem dos pensamentos às imagens estão incluídos elementos sensíveis que "dão carne à linguagem", pelos quais o figural se mostra irredutível ao discurso. As transformações que o sonho efetua fazem com que Pontalis o considere como um espaço "homólogo ao espaço da pintura",[19] no qual a visualidade se distingue da visibilidade. É preciso perder de vista o objeto para ver surgir dimensões do sensível que a própria visão encobre e que se dão a ver no espaço da sessão analítica, pela via da transferência.

Tomar o partido da figura para além de sua legibilidade é também a aposta do filósofo J.-F. Lyotard, para quem a figura tem uma espessura própria, da ordem do sensível, que se coloca como borda, como limite ao discurso. Ao examiná-la, em *Discours, Figure* – um belo livro que também alimenta as reflexões de Pontalis – Lyotard

---

18. Pontalis, J.-B.: "Perder de vista", in *Perder de vista, da fantasia de recuperação do objeto perdido*, Rio de Janeiro, Zahar, 1991, p. 209.
19. Idem, p. 215.

refere-se à "passagem de um espaço de leitura para uma extensão gestual e visual excluída do sistema lingüístico" [20]. Dedica-se, então, a abordar as operações da elaboração onírica não só como expressão em imagens dos pensamentos do sonho, operação em si mesma já bastante complexa, mas ainda como produção de algo qualitativamente diferente, de uma outra natureza, efeito de uma transformação, uma passagem cuja violência não é a mesma que rege a tradução das palavras de uma língua a outra. É esta diferença de natureza que se coloca como desafio ao pensamento de Freud.

Para Lyotard, a linguagem não é um meio homogêneo. É portadora de uma cisão porque, ao mesmo tempo, exterioriza o sensível, coloca-o à sua frente, e porque interioriza o figural no articulado. "O olho está na fala porque não há linguagem articulada sem a exteriorização de um 'visível', mas também porque existe uma exterioridade gestual, visível, no seio do discurso que é sua expressão".[21] A figura é, então, *conatural ao sensível e ao discurso*, testemunhando o desafio que se coloca ao poder de designação das palavras em seu trabalho de expressar o que permanece além da linguagem. Lyotard refere-se a uma violência de fundo da linguagem que procura desfazer a *opacidade* do discurso, a qual, no entanto, insiste em se restituir, revelando uma *espessura* inesgotável. A tensão é permanente no incessante trabalho que institui e movimenta a linguagem. Objeto e discurso face a face, a violência da passagem tenta capturar o objeto num signo, assim como introduz no discurso uma coisa, colocando espessura numa cena que ganha articulação e limpidez pelo trabalho de significação mas, ao mesmo tempo, escava, do lado do objeto, os bastidores deste trabalho, sua outra face. "Fazer do inconsciente um discurso é omitir o energético, ceder à razão matando a arte e o sonho"[22], diz ele, esclarecendo que não se trata de opor forma e força, pois a força engendra a forma. O discurso é espesso, significa e exprime. Não é só para ser compreendido, mas chama o olho, é energético. Lyotard faz um convite a que se acompanhe o percurso do olho no campo

---

20. Lyotard, J.-F.: *Discours, Figure*, Paris, Klincksieck, 1985, p. 243.
21. Idem, p.13.
22. Ibid., p.14.

da linguagem, que se embarque nas "ondulações da metáfora", de modo a ver como a exterioridade, a força, o espaço da forma, podem estar presentes na interioridade da significação.

Contribuindo para o esforço de apreensão das operações da figura no interior da linguagem, um estudo de Erich Auerbach[23], romanista alemão, examina o surgimento deste conceito na literatura latina e seu percurso na poética ocidental, funcionando como uma interface pela qual a produção literária inscreve a realidade e a história em seus próprios modos de constituição. O ensaio de Auerbach, escrito em 1930, acompanha a evolução semântica da noção latina de *figura*, permitindo identificar os significados compartilhados que tornam possível seu emprego para traduzir *Darstellung*, termo germânico do qual se deriva a *Darstellbarkeit*, a figurabilidade, utilizada por Freud para referir-se à expressão em imagens dos pensamentos do sonho. A concepção literária de *figura* dispõe também de uma dimensão temporal que evoca interessantes aproximações com a concepção freudiana de uma produção da realidade psíquica em que se inscrevem e se significam, *a posteriori*, os acontecimentos, dando margem a uma análise das possíveis influências do método da interpretação figural na própria constituição do método psicanalítico.

As considerações de Pontalis e o convite formulado por Lyotard somam-se a questões que, na vertente da prática analítica, vêm convocando os psicanalistas a aprofundar suas investigações em torno da noção de pulsão sob o ponto de vista econômico. Freud não foi insensível à exigência de trabalho que a intensidade (*Drang*) da pulsão exerce sobre o psiquismo e às manifestações desta força na clínica, em particular na repetição na transferência, na reação terapêutica negativa e na própria neurose traumática. Em trabalhos recentes, Joel Birman vem enfatizando a importância do escrito de 1915, "Pulsões e destinos das pulsões", em que Freud enuncia a noção de força pulsional, acrescentando-a às demais características da pulsão – fonte, objeto e finalidade – já formuladas desde os *Três Ensaios*. A introdução da noção de força pulsional, observa Birman, é uma "operação teórica que permite o impulso do ponto de vista econômico da metapsicologia freudiana, frente

---

23. Auerbach, E. : "Figura", in *Figura*, S. Paulo, Ática, 1997.

aos registros tópico e dinâmico"[24]. Esta operação é essencial para a formulação, mais adiante, da pulsão de morte enquanto pulsão sem representação e se articula "com o lugar que Freud havia atribuído à repetição na transferência, desde 1914, através do qual pôde colocar em questão o estatuto da representação e da memória representacional, opondo-a então ao registro da plenitude da intensidade"[25]. A intensidade pulsional, em sua natureza de excesso traumático, exige do psiquismo um trabalho de inscrição de novas marcas e de rearticulação das já estabelecidas. Assim, na leitura de Birman, a *Darstellung*, como apresentação, passa a ocupar um lugar de primeiro plano na experiência psíquica, em relação ao registro da representação.

Em muitas oportunidades Freud mostrou-se disponível para modificar suas formulações de acordo com o progresso de seus conhecimentos. Mesmo o texto da *Interpretação dos Sonhos* recebeu ao longo dos anos, até 1930, notas e acréscimos destinados a incorporar os avanços. A partir de 1918, no entanto, acompanhando os prefácios a cada edição, verifica-se que surge certa relutância em continuar revisando e atualizando o livro, para não prejudicar sua unidade e sua peculiaridade histórica. Textos complementares são escritos – entre eles, "O emprego da interpretação dos sonhos na psicanálise" (1911), "Adição metapsicológica à teoria dos sonhos" (1915), "Teoria e prática da interpretação dos sonhos" (1922) e "Revisão da teoria dos sonhos" (1932) – sem que qualquer operação da elaboração onírica seja reconsiderada em função do impacto e dos efeitos do excesso pulsional. Os dois últimos não deixam de abordar o sonho repetitivo da neurose traumática e o impasse em que ele coloca a teoria da realização do desejo, fazendo com que seja preciso levar em conta a existência de condições que podem perturbar ou fazer fracassar o trabalho do sonho. Freud inclui a neurose traumática e o caráter traumático de certas vivências infantis entre as condições que podem produzir transtornos na função onírica, mas não retorna às operações do sonho, em particular à figurabilidade, para estendê-la ao trabalho inicial de recepção e inscrição. Não sendo resultado

---

24. Birman, J.: "Estilo de ser, maneira de padecer e construir", *Percurso*, no 18, S. Paulo, 1997, p.20.
25. Idem, p.21.

de um processo regressivo dos pensamentos latentes à percepção visual, as imagens que insistem em reproduzir o incidente traumático, ou em inscrever a intensidade também traumática da pulsão, não participam do que Freud considera como o trabalho do sonho propriamente dito. Ele não as inclui como um ponto de partida deste trabalho, o que talvez lhe tivesse permitido manter uma certa continuidade, um certo movimento, entre o sonho da neurose traumática e o sonho como produto da elaboração de representações já existentes e inconscientes. É sobre esta ambigüidade freudiana e sobre estas possibilidades que me parecem incidir as questões de Pontalis e as elaborações de Lyotard e Birman.

Na clínica contemporânea, manifestações como o pânico, as depressões, o *stress* e os transtornos psicossomáticos acrescentam-se às indagações sempre renovadas a respeito da neurose e aos enigmas da psicose e apresentam-se como novas problemáticas, testando os limites do instrumental psicanalítico e fazendo exigências de ampliação do alcance da metapsicologia e dos recursos da técnica. Ainda que, por vezes, seja possível reencontrar sob novas roupagens organizações clínicas já conhecidas, muitos destes fenômenos, quer por sua intensidade, quer pela extensão dos transtornos que promovem ou pela tenacidade com que se sustentam, evocam a idéia de transbordamento do excesso pulsional, para o qual talvez se possa questionar em que medida ou sob que condições o sonho pode se manter como o paradigma, "o abrigo seguro dos tempos difíceis"[26] a que Freud recorria em seus momentos de incerteza.

A questão delicada que assim se coloca diz respeito à existência de pelo menos dois caminhos que se oferecem à psicanálise, bem como a outros saberes, para fazer avançar seus conhecimentos: por um lado, a busca criteriosa e a apropriação ou construção cuidadosa de novas referências e, por outro, o exame minucioso das já existentes, o questionamento dos limites, em busca de possibilidades menos exploradas – potencialidades latentes – que indiquem não só o não esgotamento de um paradigma como permitam retomá-lo revitalizado. As duas possibilidades se sustentam, a meu ver, sem antagonismo. Antes, parece-me importante que pos-

---

26. Freud, S.: "Revisão da teoria dos sonhos", in *Obras Completas*, op.cit., vol. III, p. 3102.

sam coexistir mantendo entre si uma certa tensão, de modo a evitar, por um lado, a manutenção acomodada de pressupostos que facilmente dão lugar ao hábito e à paralisação do pensamento e, por outro, o abandono precipitado de referenciais sólidos e ainda férteis, em benefício de uma proliferação atordoante e nem sempre consistente de novos modelos e conceitos[27]. Em algumas ocasiões, venho ouvindo de colegas afirmações no sentido de que, na atualidade, o sonho já não teria a mesma importância paradigmática, quer para a situação analítica quer para a compreensão da clínica. Embora com certeza não compartilhe deste ponto de vista, penso que ele suscita uma inquietação produtiva e mobiliza um retorno à teoria do sonho e o exame de suas contradições, seus limites e potencialidades. Esta inquietação também encontra um espaço entre as linhas que sustentam a construção desta pesquisa.

Pelas ambigüidades que comporta, penso que a figurabilidade é, das operações oníricas, a mais propícia a uma reflexão que busque explicitar as condições que ainda hoje sustentam, bem como as que atualizam o valor referencial do sonho. Cabe observar, por um lado, que muito do trabalho cotidiano do analista implica em lidar com movimentos e transformações intrapsíquicos para os quais o deslocamento, a condensação e a figurabilidade – enquanto meio de expressão dos pensamentos latentes – continuam fornecendo um consistente suporte heurístico. A presença de transbordamentos pulsionais caracteriza parte da clínica, não sua totalidade. Por outro lado, é possível, como convidam os autores a que recorri e outros, aos quais ainda irei me referir, *fazer trabalhar a figurabilidade* nas direções menos explicitadas por Freud, levando em consideração sua interface com a identidade de percepção e sua receptividade à intensidade, para daí percorrer seu caminho em direção à dinâmica das representações e à sua expressão na linguagem. Aí se fazem presentes a visualidade própria do inconsciente, como sugere Pontalis, a dimensão sensível e espessa do dis-

---

27. A este respeito, Bernardo Tanis observa que se trata de não exorcizar precipitadamente a "feiticeira metapsicologia", como Freud a chamava, para colocar em seu lugar "uma fada pós-moderna", e acrescenta: "devemos investigar quais os aspectos da teoria freudiana que não parecem mais se sustentar, apontar suas contradições, na tentativa de tornar inteligíveis os fenômenos que eles descrevem". In *Memória e temporalidade. Sobre o infantil na psicanálise*, S. Paulo, Casa do Psicólogo, 1995, p.20.

curso, assinalada por Lyotard, e o incessante processo de inscrição de novas marcas – experiência psíquica inaugural – que atesta a inesgotável exigência de trabalho exercida pela força pulsional, tal como enfatiza Birman. As condições a que Freud submete a figurabilidade, ao introduzi-la, no capítulo VI da *Interpretação dos Sonhos*, fazem da transformação dos pensamentos em imagens uma modalidade particular de deslocamento e um recurso do sonho que favorece a condensação e a censura. Nesta concepção, a figura está a serviço da transposição sutil do sentido latente, inscrita numa dimensão discursiva na qual a pulsão encontrou e movimenta seus representantes. Cabe à análise, pela interpretação, desvelar estes enlaces que são possibilitados pelo fato de que os termos concretos da linguagem plástica são mais ricos em conexões associativas do que os elementos da linguagem abstrata. Mas Freud também observa que os efeitos desta riqueza de conexões aproximam-se dos obtidos pela produção poética. A linguagem poética é, afinal, a que mais nos aproxima da experiência do sensível, da dimensão pré-discursiva e de sua potência de produção incessante de novos sentidos. Talvez se possa entrever, nesta observação, uma indicação de que algo na figurabilidade ultrapassa a dimensão discursiva, indo acolher o que ainda espera por uma primeira forma de presença psíquica. Tal possibilidade se amplia à luz das formulações desenvolvidas no capítulo VII a respeito da identidade de percepção e das questões suscitadas pelas imagens recorrentes dos sonhos da neurose traumática. À autonomia que mais adiante é conferida à força pulsional na obra de Freud, talvez se possa fazer corresponder uma autonomia da figura, reconhecendo sua dimensão sensível, que lhe permite estar não só no interior do discurso mas também em suas bordas, não só nas operações da linguagem – verbal ou dos sonhos – mas também na fronteira do psíquico, entre a percepção e a memória, limiar a partir do qual o próprio pensamento se torna possível e no qual a linguagem, paradoxalmente, encontra seu ponto de fuga.

Visualidade e saber

Interrogar a presença das imagens visuais na escuta psicanalítica é também dar lugar, no contexto específico da psicanálise, ao debate relativo ao estatuto da imagem e da visualidade em sua relação com o saber, presente na história do conhecimento humano desde seus primórdios. Trata-se de uma problemática que – mais do que tema de reflexão – é em si mesma demarcadora e reorganizadora, em momentos cruciais, da própria tradição filosófica. Não é o caso, aqui, de abordar extensamente a evolução deste debate ao longo da história das idéias. Faço, por isso, um percurso sucinto, necessariamente genérico, recorrendo a leituras diversas.[28]

Em nosso ponto de partida, a Antigüidade Clássica, o acesso ao conhecimento é imediato, implicando numa postura de contemplação do homem diante da verdade inscrita no cosmos, na natureza, no próprio ser das coisas. Para o pensamento pré-socrático, de maneira geral, a imagem é da ordem da aparição e da presença, e o saber se constitui na apreensão direta da natureza pelos sentidos, em particular pela visão, uma vez que não se coloca ainda qualquer oposição entre o ser e o aparecer. Ao ser introduzida por Platão, esta oposição transforma o acesso ao conhecimento num processo que consiste em ultrapassar o mundo das aparências enganosas para alcançar e poder contemplar o mundo das idéias verdadeiras. Por esta transformação, a visão imediata torna-se duvidosa, a imagem torna-se alvo de descrédito, deixando de ser a própria presença das coisas, e passa a ser considerada um ente menor, uma cópia ou imitação, inscrita no registro do engodo e da ilusão. A forma imperecível, liberta da contingência dos fenômenos, só se dá a ver ao olhar do

---

28. Neste percurso, recorri aos seguintes autores e textos:
Birman, J.: "Eu não sou nada, mas posso vir a ser. Sobre a luminosidade e a afetação, entre a pintura e a psicanálise", *Cadernos de Subjetividade*, vol.3, 1995, p.117-122.
Bosi, A. : "Fenomenologia do olhar", in Novaes, A .(org.), *O olhar*, S. Paulo, Companhia das Letras, 1988, p.66-76
Châtelet, F. (org) : *História da filosofia. Idéias, doutrinas*. Rio de Janeiro, Zahar Editores, 1981, vol.II e III.
Chauí, M.: "Janela da alma, espelho do mundo", in Novaes, A. (org.), *O olhar, op. cit.*, p. 49-57.
Merleau-Ponty, M.: "Em toda e em nenhuma parte", in *Os pensadores: Merleau-Ponty*, S. Paulo, Abril Cultural, 1984, p. 221-233.

espírito, à contemplação das idéias, inaugurando-se assim um dualismo que irá reger, daí por diante, a relação do homem com o mundo. A separação entre o ser e o aparecer, matriz do pensamento metafísico, marca profundamente a evolução posterior da tradição filosófica que se fundamenta na leitura de Platão e Aristóteles.

Com o advento do cristianismo passam a coexistir, tensionadas, a fé e a razão, o dado pela experiência e a busca das essências, como dois pólos da verdade que podem estar em conflito constante, a não ser que a razão, a filosofia, possa reconhecer uma dimensão de conhecimento que ultrapassa sua própria capacidade de entendimento. Um estado de equilíbrio entre razão e fé chega a ser atingido atribuindo-se a Deus a garantia final das essências assim como o fundamento da nossa existência, num desenvolvimento em que se conciliam e têm continuidade as concepções neoplatônicas dualistas e uma antropologia cristã que mantém unificados o corpóreo e o espiritual. O conhecimento sensível é da ordem de uma "revelação natural" e a visão que temos da natureza é concedida por Deus. Ao longo de um período de quinze séculos – mais fervilhante culturalmente do que faz supor sua denominação como Idade Média – esta conciliação constrói sua própria originalidade, procurando, a um só tempo, promover a difusão do saber revelado nos textos sagrados, sem deixar de apropriar-se do patrimônio das culturas grega e latina. Tal compromisso dá origem à imensa diversidade de investigações dos Padres da Igreja, inclusive em Santo Agostinho, e prossegue até São Tomás de Aquino, sempre em tensão produtiva, pois a filosofia, por sua própria natureza, não pode renunciar a uma interminável tarefa de mediação que insiste em obter reconhecimento e em não deixar à instância da fé as definições mais conclusivas. Muitas das questões que tomaram corpo, desde então, na história das idéias, surgiram desta tensão que, a seu modo e com as características de seu tempo, é a mesma que se encontra hoje nos debates sobre as relações entre o impensável e a razão, entre a criação e a representação, entre interioridade e exterioridade, entre finitude e infinitude, entre positividade e negatividade na produção do conhecimento.

O caminho da visão corporal ao olhar do espírito, à inteligibilidade, é percorrido, no Renascimento, sem que para alcançar o conhecimento seja necessário sacrificar os sentidos. Juntas, a arte e a ciência apreendem a natureza, da qual o homem faz parte, em relações tanto especulares como especulativas. O olhar é tanto a janela da alma quanto o espelho da natureza, de tal forma que o cientista é também o artista, como ocorre com Leonardo da Vinci. As atividades criadoras comunicam-se com as lógico-cognitivas numa síntese que integra pintura, geometria, anatomia, música e matemática. O olhar corporal é a fonte das especulações da alma que produzem o saber. Mais adiante, esta síntese irá se desfazer e os sentidos e a razão voltarão a ocupar posições excludentes. Um dos encaminhamentos rumo a esta separação entre os olhos do corpo e os do espírito sustenta-se no avanço da óptica, pela qual a compreensão dos fenômenos da visão e da luz é alcançada por operações de cálculo geométrico. O universo passa a ser compreendido como uma obra da geometria divina que o homem pode apreender, pois recebeu de Deus um intelecto capaz de conhecer esta obra. O olhar intelectual é um dom e se equipara ao olhar divino. Em outro encaminhamento, o sentido da visão é entendido como um olhar incompleto, voltado para o exterior, e o olhar interior deve ser conquistado como uma tarefa legada ao homem pela Natureza, que o deixou inacabado.

Gradualmente, a partir do séc. XVI, a filosofia vai se emancipando da tradição teológica e também vai se transformando, perdendo sua dimensão de conhecimento totalizante à medida em que vão se diferenciando as disciplinas científicas, as ciências da natureza. O séc. XVII assiste à convivência da filosofia e da ciência em equilíbrio, sem que uma vise a exclusão da outra. Neste novo contexto, a visão é passível de engano e deve ser continuamente aprimorada para ser instrumento da ciência. A experiência de ver deve ser mediada por teorias físicas e matemáticas a respeito da luz e pelo conhecimento da fisiologia da visão. Na reflexão filosófica, a oposição entre os registros do corpo e do espírito é proposta por Descartes, sem que esta dualidade deixe de instigar o pensamento filosófico que continua a se indagar a respeito das relações recíprocas e articulações entre os dois universos e sua coesão no homem. No plano do acesso ao conhecimento da realidade exterior, a distinção se formula de maneira a atribuir as ilusões dos sentidos e as paixões do sujeito à sua condição de carnalidade e corporeidade. Cabe às operações do pensamento, regidas pelo método da razão, a tarefa de retificar as ilusões e o engano, produzindo idéias claras e rigorosas. A crítica metódica das ilusões implica em desconfiar das evidências do olhar, em benefício das operações do pensamento. Na modernidade, então, a visão ocupa uma posição ambígua pois é, ao mesmo tempo, instrumento de conhecimento e produtora de erro, cabendo à razão o poder de retificar os engodos dos sentidos.

Uma reviravolta fundamental em relação ao olhar é operada pela invenção do telescópio que, dando a ver o que até então não existia, não era visível a olho nu, coloca em cheque o conhecimento astronômico e com ele os postulados epistemológicos que organizavam a concepção do universo na época. Galileu confronta-se com o pensamento aristotélico de seus adversários sustentando que, ao contrário do que afirmam, o novo instrumento não só aumenta o poder do olhar como é capaz de corrigir a visão. A imagem visual obtida pelo telescópio corrige a imagem subjetiva e ilusória dos olhos não equipados. O instrumento tecnológico é criado de acordo com os princípios da razão e é capaz de corrigir o olhar, transformando o ato de ver em ato de conhecer.

Os limites da razão, por sua vez, são questionados por Kant, que reintroduz a sensorialidade e a materialidade no campo da reflexão filosófica. O mundo existente não se deixa recobrir pelo desenvolvimento do saber, sendo necessário interrogar constantemente as condições de produção do conhecimento e considerá-lo em sua historicidade, retomando e ultrapassando as formulações mais antigas e integrando-as como casos particulares de um saber cada vez mais amplo, sempre provisório. As críticas à razão e ao juízo formuladas por Kant permitem reabrir o saber ao universo do sensível e inserir o sujeito do conhecimento na temporalidade e na história e esta abertura é mantida pelas investigações mais modernas na ciência, na filosofia, na literatura e na arte. Assim, torna-se possível formular a pluralidade dos saberes, a multiplicidade de conhecimentos que, na modernidade, viabiliza o surgimento de uma diversidade de discursos, entre eles o da psicanálise.

A hipótese psicanalítica da atividade psíquica inconsciente é colocada por Freud em continuidade com as concepções kantianas sobre a percepção: " Do mesmo modo que Kant nos convidou a não desconsiderar a condicionalidade subjetiva de nossa percepção e a não considerar nossa percepção idêntica ao percebido incognoscível, a psicanálise nos convida a não confundir a percepção da consciência com os processos psíquicos inconscientes objetos da mesma. Tampouco o psíquico, tal como o físico, precisa ser como o percebemos." E acrescenta: "Mas esperemos que a retificação da percepção interna não oponha tão grandes dificuldades quanto a da externa e que os objetos interiores sejam menos incognoscíveis do que o mundo exterior."[29] O cientificismo e o determinismo presentes no final do séc. XIX são, em certa medida, manifestações tardias do racionalismo que floresceu no sec. XVII. A frase de Freud indica, sem dúvida, uma forma de compromisso.

Em ruptura com as proposições cartesianas, a psicanálise encaminha-se para a superação da oposição entre corpo e espírito pela formulação do conceito de pulsão. Promove ainda o descentramento do sujeito do conhecimento, uma vez que para este é impossível ter acesso direto à verdade primordial, ao saber do desejo inconsciente. O desejo é, então, o agente fundamental da ilusão e do engano. E é a serviço do desejo que se apresentam, por sua vez, as imagens do sonho. Apesar da ruptura em que se funda e evolui, a psicanálise não deixa de herdar, bem como a ciência e a filosofia na modernidade, uma posição do sujeito face ao saber que traz as marcas do pensamento cartesiano. A busca de saber e o interesse intelectual são destinos sublimados, substitutos evoluídos da satisfação da pulsão visual, tanto no interior da teoria quanto em seu próprio modo de produção. Diante das imagens do sonho, Freud não hesita. Dispõe-se a decifrá-las, traduzindo os pensamentos latentes que nelas se ocultam como se procede com os sinais enigmáticos e arcaicos das escritas hieroglíficas. Até esbarrar, o que é inevitável, no "ponto a ser deixado nas sombras ... que podemos considerar como o umbigo do sonho, o ponto pelo qual ele se acha ligado ao desconhecido".[30]

---
29. Freud, S.: "O inconsciente", in Obras Completas, op.cit, vol. II, p.2064.
30. Freud, S.: A interpretação dos sonhos, cap. VII, in Obras completas, op.cit. , vol. I, p.666.

O que se destina a encobrir é, ao mesmo tempo, o que transporta, realiza e revela. É também o que funda e organiza. "Na elaboração onírica", diz Freud, em 1915, "trata-se evidentemente de transformar em imagens sensoriais, *de preferência visuais*, as idéias latentes verbalmente concebidas. Bem: todas as nossas idéias têm *como ponto de partida* tais imagens sensoriais. *Seus primeiros materiais e suas fases preliminares foram impressões sensoriais*, ou mais exatamente, as imagens mnêmicas destas impressões. Só mais tarde se entrelaçaram palavras a estas imagens e reuniram-se as palavras em idéias."[31] A visualidade, nesta formulação, inaugura o pensamento, antes de ser o retorno do já pensado.

Uma desvalorização progressiva do sensorial, em particular do visual, resultou da preocupação de Freud em, como observa Pontalis, "preservar-se de um certo romantismo, de um certo misticismo onírico, e da idéia de que o sonho estaria, por privilégio de nascença, em filiação direta com o inconsciente"[32], preocupação que se expressa exemplarmente no comentário:

"Tenho a impressão de que a prática da psicanálise nem sempre evitou erros e valorações excessivas, cometidos em grande parte devido a um desmedido respeito pelo 'misterioso inconsciente'. Esquece-se, com muita freqüência, de que um sonho não é, de modo geral, mais do que um pensamento como qualquer outro (...) deformado pela ação da censura e da elaboração inconsciente".[33] Pontalis assinala que o interesse de Freud recai sobre o modo de produção e sobre o relato do sonho mais do que sobre o poder de criação que ele comporta, a natureza da própria experiência do sonhar ou as condições que antecedem ou possibilitam a elaboração. A valorização crescente dos processos intelectuais, por sua vez, encontra no estudo sobre Moisés, de1938, sua formulação mais conhecida: "Abriu-se ao homem o novo reino da intelectualidade, no qual ganharam proeminência as idéias e os processos de raciocínio, em oposição *às*

---

31. Freud, S.: "A elaboração onírica". Conferência XI, in *Conferências introdutórias à psicanálise*. *Obras completas, op.cit.*, vol.II, p.2232., (grifos meus)

32. Pontalis, J.-B.: "Entre le rêve objet et le texte rêve", in *Entre le rêve et la douleur*, Paris, Gallimard, 1977, p.22.

33. Freud, S. : "Teoria e prática da interpretação dos sonhos", in *Obras Completas, op. cit.*, vol. III, p. 2625.

atividades psíquicas inferiores cujos conteúdos são as percepções imediatas dos órgãos sensoriais.".[34] As preocupações de Freud não deixam de ser pertinentes, na medida em que procuram preservar a importância, na análise, de um contínuo trabalho de elaboração psíquica que não se detenha fascinado diante da "visões" do sonho e que prossiga até alcançar a palavra e a consciência. Por outro lado, é bem verdade que colaboraram para manter a reflexão psicanalítica por muito tempo afastada da investigação do que pode ser a eficácia dos registros sensoriais e de seus primeiros arranjos, em particular da visualidade, como momento inicial do trabalho psíquico em direção ao pensamento.

Fazer trabalhar a figurabilidade é voltar a atenção para este ponto de partida, procurando ir além da antinomia imagem/pensamento na qual, ao longo dos anos, a psicanálise se viu engajada. A possibilidade de pensar a visualidade como um modo perceptivo e sensorial privilegiado, fundador e organizador do espaço psíquico e de seus primeiros processos associativos é a contrapartida à reserva expressa nas formulações de Freud. A construção de um modelo óptico para materializar a concepção de um aparelho psíquico talvez revele, para além de um esforço de formalização, algo de sua própria natureza, podendo este aparelho dar espaço não só à dinâmica das representações mas também a uma receptividade ao sensível que, pela imagem, se transporta à linguagem. Longe de se constituir como um "elogio da imagem", uma reflexão sobre a figura – entre a apresentação e a representação – pode, então, inscrever-se na necessária e difícil tarefa de elucidação da natureza dos processos presentes na escuta psicanalítica.

Nos espaços... figuras

As idéias aqui lançadas formam um traçado preliminar que, espero, possa sustentar uma investigação e organizar, mas não muito, o espaço do meu pensamento. Entre estas linhas que se ofere-

---

34. Freud, S.: *Moisés e a religião monoteísta*, in *Obras Completas, op.cit.*, vol. III, p.3309, (grifo meu).

cem à reflexão, os textos (capítulos?) irão tomando forma e preenchendo alguns espaços, sem pretender recobrir todo o fundo. Uma paradoxal sensação de descontinuidade, de dispersão em torno do tema, está presente desde o início deste projeto e vem acompanhando minhas leituras e reflexões, levando-me a pensar que, talvez, em se tratando da figurabilidade, não pudesse mesmo ser de outra maneira. Afinal, são as dificuldades que haveriam de se opor a qualquer esforço de abordar pela escrita o que se encontra justamente, como sugerem os autores mencionados, na fronteira da linguagem. O resultado é necessariamente marcado por uma certa provisoriedade, mas não por isso menos estimulante.

É novamente Pontalis, em "Perder de Vista"[35], que acolhe minhas hesitações. "Sobre o visual não há visão de conjunto, inadequada por natureza ao seu objeto", é o que ele diz, após interrogar, como eu, as diversas direções, a heterogeneidade de referências e a multiplicidade de autores presentes em seu próprio texto. O olhar, a imagem, a visualidade e a figura fazem parte de um campo imenso e complexo, dificilmente unificável, embora seus elementos se articulem incessantemente. Talvez a escrita, ao abordá-lo, não possa então ser muito linear nem ter a pretensão de sistematizar. Com certo humor, Lyotard chega a sugerir que sobre a figura se escreva por aforismos[36], evitando-se assim os excessos de significação e deixando ao leitor os intervalos.

Menos ousada, penso que uma série de estudos é, talvez, a alternativa mais propícia. Estudos no sentido dos desenhos ou das partituras nos quais o pintor ou o músico experimentam e exercitam-se em certos temas que fazem parte de um trabalho maior, muitas vezes destinado a permanecer inacabado. Estudos, também, no sentido de pesquisas e explorações necessariamente parciais, que examinam aspectos do objeto e, uma vez agrupadas, dialogam entre si, podendo produzir novos efeitos e fazer avançar alguma elaboração. Não é este, aliás, o sentido que Freud nos ensina a atribuir ao mosaico de sonhos de uma mesma noite?

---

35. Pontalis, J.-B.: "Perder de vista", in *Perder de vista, op.cit.*, p.221.
36. Lyotard, J.-F.: *Discours, figure, op. cit.*, p.18.a

Estudo I

Figura: roteiro de um conceito

> *"Assim como o conhecimento pressente a linguagem,*
> *a linguagem recorda o conhecimento."*
> Hölderlin

É com destino à linguagem, nos processos que a tornam possível ou naqueles a que ela retorna, dos quais se sustenta e se renova, que se formam as imagens visuais, as figuras que se apresentam na escuta do analista. A escuta figural opera neste intervalo entre a imagem e a palavra. A noção de figura, no entanto, não é nativa da psicanálise mas da teoria literária, na qual designa um modo de interpretação e de construção poética. Assim, é necessário conhecê-la inicialmente em seu próprio campo, tomando contato com suas especificidades e variações, antes de prosseguir investigando as operações e possibilidades que comporta ao ser derivada para o pensamento psicanalítico.

Uma referência valiosa para este estudo é o ensaio escrito, em 1930, pelo romanista alemão Erich Auerbach,[1] mestre da literatura comparada e da estilística, que investiga minuciosamente o surgimento, a etimologia e a evolução histórica da palavra *figura*. O termo surge na literatura latina pré-cristã e se desenvolve na poética ocidental durante a Idade Média, passando por uma série de transformações até inscrever-se numa perspectiva na qual o passado é

---
1. Auerbach, E. : "Figura', in *Figura*, *op. cit.*, p.13-64. Auerbach (1892-1957), um dos maiores críticos literários do sec. XX, viveu em Berlim e exilou-se em Istambul durante a 2a Guerra, período em que escreveu *Mimesis*, sua obra-prima. Posteriormente, foi para os Estados Unidos, tendo lecionado nas universidades de Filadélfia, Princeton e Yale. É autor de uma vasta produção ensaística. O livro a que recorri para esta pesquisa contém seu ensaio sobre a noção de figura e o estudo "São Francisco de Assis na *Comédia* de Dante". O termo *figura* aparece, tanto no ensaio quanto neste capítulo, grafado em itálico para o latim e sem itálico para o português.

apreendido no presente por meio de sua "força de irradiação" histórica. A figura é o recurso pelo qual a literatura, particularmente a poesia, apreende a realidade e a história, buscando inscrevê-las em sua própria constituição. Embora inserido no campo do conhecimento literário, o estudo de Auerbach sobre a figura pode dialogar com as proposições de Freud a respeito da figurabilidade como recurso da elaboração onírica, produtor das imagens cujos efeitos são comparáveis ao trabalho do poeta. A concepção literária da figura dispõe de nuances que podem ser aproximadas com proveito das conotações com que Freud utiliza a noção de *Darstellung* e, por comportar uma dimensão histórica, temporal, revela múltiplas afinidades com as reflexões freudianas a respeito da constituição da significação e da realidade psíquica, e mesmo da transferência. Tal riqueza de possibilidades justifica, a meu ver, uma leitura atenta deste ensaio que procuro aqui sintetizar em algumas páginas.

A mais remota ocorrência do termo *figura* encontra-se em Terêncio. Formada a partir da mesma raiz de *effigie*, a palavra significa originalmente "forma plástica" e pelo modo peculiar de derivação direta da raiz, tem o caráter de "algo vivo e dinâmico, incompleto e lúdico", sendo sempre associada às noções de novidade e variação. Três autores latinos, Varrão, Lucrécio e Cícero, tiveram participação importante na criação e evolução do significado de *figura*, que ocorreu a partir do último século antes de Cristo.

Além do seu sentido original, é em Varrão que começam a surgir novos significados, como "aparência externa" e "contorno". Com freqüência, este autor utiliza a palavra em seu sentido geral de "forma" e estende-o à forma das palavras, referindo-se, provavelmente, a novas formas que se dão a ouvir, o que indica que as figuras também podem existir para o sentido da audição. É também em Varrão que *figura* começa a indicar uma forma gramatical flexionada ou derivada, como o uso do plural ou as variações de forma dos verbos. Apesar de ser, na origem, claramente referida ao registro sensorial, a palavra adquire rapidamente um significado abstrato devido, segundo Auerbach, ao processo de helenização da cultura romana. O vocabulário científico e retórico dos gregos é muito mais diversificado e, entre as várias palavras existentes para designar diferentes significados de "forma", *schema* – referindo-se ao modelo perceptivo da idéia e também à "aparência externa" – é a que mais se aproxima do sentido latino de *figura*. Sem chegar a dissolver-se completamente, o sentido plástico original vai sendo matizado por outras influências até chegar a referir-se à forma gramatical, retórica, lógica, matemática e mesmo à forma musical e coreográfica. Outra tendência de expansão do sentido dirige-se para o âmbito de "estátua", "imagem" e "retrato". A influência mais presente, no entanto, é mesmo exercida pela noção de *schema* que, em grego, cabe lembrar, é muito mais dinâmica do que suas derivações nos idiomas ocidentais contemporâneos. Ainda assim, ressalta Auerbach, "*figura* é mais ampla, mais plástica, mais dinâmica e luminosa do que *schema* (...) desenvolveu este elemento de movimento e transformação muito mais".

Lucrécio, por sua vez, emprega *figura* de modo mais individual, livre e significativo, desde as nuances possíveis da figura plástica até a figura geométrica e também transpondo a noção para a esfera auditiva, em referência à figura sonora das palavras. O termo transita, ainda, do sentido de forma enquanto "modelo" para o sentido de "cópia". Contudo, *figura* é sempre mais concreta e dinâmica do que forma e uma das variações de seu sentido enquanto cópia refere-se, em especial, a películas que se desprendem das coisas e flutuam no ar, como imagens, possibilitando o uso da palavra no sentido de "visão de sonho", "imagem da fantasia" e "fantasma". Seguidor de Demócrito e Epicuro, Lucrécio acrescenta a *figura* um sentido inédito, embora pouco difundido historicamente, que se refere às pequenas partículas – corpúsculos, elementos ou átomos – de formatos diversos, cuja reunião faz nascerem as coisas do mundo. "Os inúmeros átomos estão em movimento constante; movem-se no vazio, combinam-se e repelem-se uns aos outros: uma dança de figuras".

Em Cícero, a palavra é utilizada de modo extremamente flexível, em todas as variações ligadas à noção de forma, revelando sua natureza agradável, volátil e vacilante. Sem ter acrescentado contribuições originais como as de Lucrécio, Cícero teve o mérito, para Auerbach, de ter introduzido na linguagem culta o sentido de *figura* como "forma perceptível", como ele a emprega em seus escritos retóricos e filosóficos. É nestes escritos que aparece pela primeira vez o uso como um termo técnico da retórica, relativo a diferentes níveis de eloqüência da oratória e não, como atualmente, aos recursos expressivos e ornamentais que denominamos como figuras do discurso. Até o fim do período da república e início do período imperial romano, o uso de *figura* firmou-se na linguagem culta e filosófica, interessando aos poetas principalmente por seus matizes de sentido entre modelo e cópia e sua referência às formas variáveis e às imagens dos sonhos. O uso mais rico de *figura* no sentido de "forma mutável" aparece em Ovídio, que utiliza a palavra em inúmeras combinações.

Não se sabe ao certo quando teve início o uso no sentido de figura de linguagem. Auerbach acredita que este refinamento ocorreu ao longo do sec. I, após Cícero, mas o primeiro relato detalhado de uma teoria das figuras de linguagem encontra-se no *Institutio Oratoria*, de Quintiliano. Neste tratado, *figura* é "uma forma de discurso que se desvia de seu uso normal e mais óbvio", sendo mais abrangente do que *tropos*, outra noção que se refere a um uso das palavras e frases em sentido não literal. A distinção entre as duas noções não é isenta de dificuldades mas, de modo geral, o conceito de figura é mais amplo, "de modo que qualquer forma de expressão não literal ou indireta passa a ser classificada como linguagem figurada". Quintiliano relaciona a metáfora, a sinédoque, a metonímia e a antonomásia, por exemplo, como tropos; as figuras propriamente, divididas entre as que envolvem conteúdos e as que envolvem palavras, incluem a pergunta feita e respondida pelo próprio orador, a simulação de confidência ou de arrependimento para seduzir a audiência, os vários meios de antecipar objeções, a ornamentação da narrativa com detalhes concretos, a interrupção súbita que gera expectativa e a ironia, entre muitos outros exemplos. Auerbach enfatiza que a figura que chegou a ser a mais importante e valorizada foi, certamente, "a alusão velada, em suas diversas formas". Técnica refinada de retórica, a alusão era exaustivamente treinada nas escolas, destinando-se a expressar ou insinuar algo sem dizê-lo, particularmente nos casos em que, por motivos políticos ou táticos, este algo deveria ser mantido em segredo ou não explicitado. A arte da alusão chegou a ser extremamente aprimorada, podendo mesmo criar efeitos estranhos e absurdos. O percurso da noção de *figura* na antiguidade pagã teve continuidade ao longo da Idade Média e do Renascimento e veio a receber do Padres da Igreja os acréscimos de sentido mais importantes de sua história.

No mundo cristão, a palavra passa a designar um acontecimento antecipatório, de natureza profética: *"figura* é algo real e histórico que anuncia outra coisa também real e histórica", havendo entre os dois acontecimentos similaridades de estrutura ou de circunstâncias. Com este sentido, a noção é empregada pela primeira vez por Tertuliano que se refere, por exemplo, a Josué como figura de Jesus. O novo significado deriva-se da necessidade de interpretar os acontecimentos do Velho Testamento como prefigurações dos acontecimentos e personagens do Novo Testamento, de modo a facilitar a difusão da fé cristã. Para Tertuliano, ressalta Auerbach, a relação figural entre os dois acontecimentos não faz do primeiro uma alegoria do segundo. Os dois são fatos históricos reais e concretos, sendo que o primeiro só pode ser reconhecido ou interpretado como figura à luz da ocorrência efetiva do segundo. O primeiro é a figura e o segundo é seu preenchimento. A interpretação figural opera sobre uma concepção realista dos registros literários da história, incidindo tanto sobre a relação entre personagens como sobre a relação entre frases. Auerbach menciona, a título de exemplo, a relação de figura e preenchimento entre Moisés e Cristo – dois personagens considerados históricos e reais – bem como a relação entre seus dizeres: "Se destruíres teu povo, com ele destróis igualmente a mim por inteiro", diz Moisés (Êxodo 32:32), prefigurando as palavras de Cristo, "o bom pastor dá sua vida pelo rebanho" (João 10:12). O significado do primeiro acontecimento está oculto até que acontece o segundo, que o revela e realiza, o que leva o preenchimento a ser designado como *veritas*. Figura e preenchimento são abstratos quanto ao significado e concretos quanto aos fatos e pessoas que são veículos deste significado. Entre o preenchimento e a figura há uma relação de "verdade que se faz carne ou história".

O novo significado de *figura* e o método da interpretação figural desenvolvem-se plenamente entre os escritores latinos da Igreja a partir do sec. IV. A palavra aparece freqüentemente, esclarece Auerbach, no sentido de "significado mais profundo de coisas futuras" e é envolvida num conflito entre duas tendências interpretativas presentes no cristianismo desde os seus primórdios. Uma corrente empenha-se em espiritualizar os acontecimentos tanto do Novo quanto do Velho Testamento, construindo interpretações puramente abstratas e alegóricas ao lado ou no lugar da interpretação figural. A outra tendência tenta preservar a plena historicidade das Escrituras ao lado de seus significados mais profundos. É com Santo Agostinho que finalmente se estabelece o compromisso entre as duas correntes. Em seus escritos são encontrados todos os sentidos de *figura* presentes desde a origem, bem como todas as suas variações. O sentido de forma plástica, dinâmica e variável é aplicado ao mundo, à natureza e aos objetos. Ele também emprega a palavra no sentido de imagem de sonho, visão e forma matemática, bem como em seu sentido de prefiguração. Agostinho rejeita a interpretação puramente alegórica das Escrituras e a idéia de que o Velho Testamento é um texto hermético que precisa ser desembaraçado de seu revestimento literal para ser bem compreendido. Para ele, uma irrecusável realidade histórica é revelada e interpretada espiritualmente pelo preenchimento cristão e logo substituída por uma promessa mais completa e mais clara. Assim, os personagens e a história judaica do Velho Testamento são entendidos como figuras do nascimento de Cristo e do surgimento do cristianismo, que são seus preenchimentos e estes, por sua vez, prenunciam o fim do mundo e o Juízo Final, que será o último preenchimento. Embora mantendo a interpretação do Velho Testamento como realidade histórica, Agostinho integra à noção de figura uma conotação supratemporal em que se manifesta o que está reservado para acontecer no fim dos tempos. A visão básica de que o Velho Testamento é uma prefiguração histórica do Evangelho firmou-se a partir do sec. IV e foi amplamente empregada em sermões, na instrução religiosa e nas missões.

Tudo indica, segundo relata Auerbach, que o novo sentido de *figura* surgiu devido ao fato de os primeiros textos de literatura cristã terem sido escritos em grego. Na passagem destes textos para o latim, *figura*, que já era utilizada para indicar forma ou formação, passou a ser utilizada também para este novo sentido, a prefiguração – que nos originais gregos era expressa pela palavra *typos* – incorporando-o diretamente e acrescentando-o à influência já exercida na Antiguidade por *schema* que, como vimos, havia matizado e aprimorado seu alcance semântico desde a referência à forma até a imagem retórica e a alusão. "O velho sentido da imagem retórica sobreviveu, embora tivesse se transferido do mundo puramente nominalista das escolas de oratória e dos mitos meio brincalhões de Ovídio para um domínio tanto real quanto espiritual, por conseguinte, autêntico, significativo e existencial". Sobre esta nova base semântica a palavra continuou a ampliar seu leque de significados e a densidade de seu conteúdo conceitual. À relação já estabelecida entre a figura e o preenchimento como verdade, acrescenta-se ainda a relação com *historia* ou *littera*, que é o sentido literal ou o acontecimento relatado, de modo que *figura* torna-se o termo intermediário entre história e verdade. Existem diversas outras palavras latinas que podem ser utilizadas para cada sentido incorporado a *figura*, mas nenhuma tem a mesma amplitude, combinando de modo tão integral os elementos que ela comporta, em particular, o princípio criativo e formativo, a mudança de forma de uma essência que permanece e todas as possibilidades de sentido entre modelo e cópia.

A evolução semântica de *figura* acompanha, como vimos, o desenvolvimento de um modo de interpretar as Escrituras da máxima importância para a difusão do cristianismo. Fazer do Velho Testamento a prefiguração das narrativas dos evangelistas foi o recurso pelo qual o livro da lei e da história de Israel tornou-se uma promessa a ser preenchida pela nova religião. A leitura figural do Velho Testamento beneficiou o cristianismo com o aval de uma tradição que o tinha prenunciado e, por outro lado, sendo o preenchimento das antigas Escrituras, o cristianismo preservou-as de serem excluídas ou interpretadas abstrata e alegoricamente. Uma leitura *a posteriori*, observa Auerbach, permite ainda concluir que a interpretação figural foi de muita importância para a aceitação do Velho Testamento como parte de uma impressionante e universal visão da história a ser transmitida junto com uma religião de redenção também universal. História e fé, articuladas na interpretação figural, tornam-se elementos essenciais da representação cristã da realidade, da própria história e do mundo concreto em geral que vigorou por todo o período medieval.

Aprofundando a distinção entre a interpretação figural e outras modalidades interpretativas, o ensaísta enfatiza, mais uma vez, que figura e preenchimento são acontecimentos ou personagens históricos reais e separados no tempo, enquanto a articulação entre eles é uma operação do espírito. É pela concretude e pela historicidade de seus elementos que a interpretação figural se distingue da alegoria, a qual, geralmente "representa uma virtude (como a sabedoria), uma paixão (como o ciúme), uma instituição (como a justiça) ou um conceito muito geral derivado da história (como paz ou pátria), mas não é um acontecimento em sua plena historicidade". Ao longo da Idade Média, o método de interpretação alegórica também exerce sua influência, defendido por um movimento ético-espiritualista centrado em Alexandria e que se expressa principalmente nos escritos de Orígenes. A leitura alegórica também transforma o Velho Testamento, diluindo sua historicidade e seu caráter nacional bem mais do que o método figural, pois a concretude histórica é substituída por conteúdos místicos e éticos. Os elementos da alegoria são muito mais abstratos do que históricos e é justamente esta abstração que dificulta a aceitação da interpretação alegórica entre os povos recém-convertidos ao cristianismo. A interpretação figural, menos intelectual, carregada de historicidade e mais concreta, é mais facilmente assimilada por representar um renascimento dos poderes criativos do homem.

As modalidades de interpretação mítico-simbólicas, por sua vez, também se diferenciam da modalidade figural, de modo mais claro, segundo Auerbach, do que ocorre com a alegoria. O símbolo é uma interpretação direta da vida, muitas vezes da própria natureza. Representa algo de sagrado que afeta a vida e contém a presença daquilo que simboliza. Agir sobre o símbolo é agir sobre a coisa simbolizada, o que lhe confere um caráter mágico inexistente na figura. Esta, por sua vez, é marcada por uma historicidade que está ausente no símbolo. Sendo uma interpretação da história, a interpretação figural é necessariamente produto de culturas mais antigas, carregadas de sua própria memória, que podem organizar uma tradição interpretativa mais complexa do que o mito e o símbolo.

A comparação com a alegoria, por um lado, e com as formas mítico-simbólicas, por outro, permite, segundo Auerbach, que se entenda a interpretação figural por "uma dupla luz: jovem e recém-nascida enquanto interpretação – certa de sua finalidade criadora e concreta – da história universal; infinitamente velha enquanto interpretação de um texto venerável, carregada de uma história de centenas de anos". A figura comporta ainda uma dimensão de provisoriedade e incompletude em relação a algo mais definitivo. Assim, a história de qualquer época tem o caráter de uma figura encoberta que permanece sempre aberta à interpretação, sem possuir a auto-suficiência do fato consumado, mas garantida por um preenchimento futuro. Neste sentido, a figura tem certa influência neo-platônica: é aberta em relação a um futuro histórico concreto, seu preenchimento, mas também, a partir de Santo Agostinho, corresponde à forma provisória de algo eterno e atemporal. Contrasta assim com a concepção moderna de historicidade, na qual os acontecimentos também se encontram abertos a interpretações sempre provisórias, mas incluídos em um processo de interação com outros acontecimentos que não vislumbra um cumprimento final.

A visão figural da história exerceu sua influência durante toda a Idade Média e permaneceu ativa até o sec. XVIII. Seu alcance expandiu-se também para a arte e a literatura não religiosa e nem sempre os estudiosos foram capazes de distingui-la de outras formas diferentemente estruturadas de interpretação, também presentes na produção artística e literária, como a própria alegoria. De qualquer forma, observa Auerbach, "o método figural fornece a base geral da interpretação medieval da história e penetra freqüentemente na visão medieval da realidade cotidiana". O autor observa, prudentemente, que não está claro até que ponto as idéias estéticas também receberam influência da concepção figural, de modo que a obra de arte pudesse ser vista como figura de um preenchimento ainda não alcançado na realidade, ainda que existam alguns estudos e indicações nesta direção. De modo geral, é possível dizer que, embora a mescla de culturas e influências verificada durante todo o período medieval não permita classificações muito claras, o método figural refere-se a influências cristãs e aplica-se principalmente a obras surgidas nesta tradição, enquanto o método alegórico deriva-se de influências pagãs, aplicando-se às produções culturais mais antigas. O ensaio de Auerbach conclui-se com uma rica análise da obra que, em suas palavras, "encerra e resume a Idade Média, a *Divina Comedia*". Ainda que nela se encontrem combinações de todas as formas figurais, alegóricas e simbólicas, são as construções figurais que, segundo o ensaísta, dominam e determinam toda a estrutura do poema. A concepção figural em Dante não só sustenta o caráter real e histórico da figura, como este se vê mais confirmado quanto mais se verifica seu preenchimento. Quanto mais uma figura é interpretada, mais é revelado seu significado e, ao mesmo tempo, mais ela é confirmada em sua existência real e histórica. Virgílio, por exemplo, é tão mais o Virgílio histórico e real quanto mais se apresenta seu significado como guia de todos os poetas e condutor do próprio Dante. O mesmo de pode dizer de Beatriz, tida pelo poeta como um milagre enviado do céu em sua própria vida, que não se torna menos real em sua existência terrena por ser, no poema, a figura em que se revela a verdade divina. Assim, ao acrescentar significado à figura, a realidade poética não contradiz – ao contrário, confirma e preenche – a realidade histórica.

Nas últimas linhas de "Figura", o autor afirma que seu propósito foi "mostrar como, a partir da base de seu desenvolvimento semântico, uma palavra pode evoluir dentro de uma situação histórica e dar nascimento a estruturas que serão efetivas durante séculos". Ao prefaciar o texto em sua recente tradução, Modesto Carone esclarece que, no pensamento de Auerbach, toda a literatura do Ocidente pode ser entendida também através da noção de figura, pela qual a realidade se inscreve na arte literária, desde Homero até nossos dias, como "aquilo que vai se realizar"[2]. O conceito dispõe, então, de um alcance que ultrapassa o período em que surgiu e evoluiu semanticamente, a Antigüidade tardia e a Idade Média. Conserva até hoje sua riqueza de significados, embora tenha certamente se desvanecido, na literatura leiga, o teor ideal e supratemporal de um preenchimento último a ser alcançado que resultava do compromisso com o pensamento teológico no qual se desenvolveu. Seculariza-

---

2. Idem, p. 11.

da[3], a noção de figura continua ativa na Modernidade, revelando sua eficácia tanto na construção literária quanto em outros campos do conhecimento nos quais, sem dúvida, recebe novas influências e tem enfatizadas, conforme cada contexto, variações específicas de seus múltiplos significados. Desta forma, ingressa no pensamento psicanalítico como uma possibilidade, talvez a mais próxima, de tradução para as línguas latinas da noção de *Darstellung* e de sua extensão *Darstellbarkeit*, a figurabilidade.

Darstellung e figura

A tradução de conceitos de um idioma para outro é uma operação tão delicada quanto sua derivação entre diferentes campos do saber. Para ser apropriado, o termo escolhido na língua de chegada precisa, evidentemente, dispor de conotações correspondentes ou bem próximas às que o conceito apresenta na língua de origem e muito já se escreveu a respeito da inevitável traição que se realiza no ato de traduzir. A tradução trai, quer por insuficiência quer por excesso de sentidos da palavra escolhida no novo idioma, o que pode em alguns casos restringir e em outros acrescentar significados e conotações à noção original. Com freqüência, ainda, é a própria palavra empregada na tradução que sofre novas influências. O percurso de *figura* oferece-nos bons exemplos destas transformações. Como vimos com Auerbach, seu emprego acrescentou mobilidade e plasticidade à tradução da noção grega de *schema* e, por sua vez, ao ser utilizada para traduzir *typos*, adquiriu deste termo o sentido de prefiguração, mais ligado ao âmbito real e existencial, que se acres-

---

3. O século XIX caracterizou-se por um acentuado declínio da influência da Igreja e de suas doutrinas no pensamento europeu. Um amplo processo de secularização tornou-se evidente de diversas formas, acompanhado pelo desenvolvimento tecnológico e pelos avanços das ciências naturais e sociais. As concepções evolucionistas de Darwin, as idéias socio-econômicas de Marx, o surgimento da História e da Sociologia como ciências laicas são expressões deste processo do qual a própria invenção da Psicanálise é uma manifestação mais tardia. Naturalmente, a literatura participou deste movimento de secularização registrando-o tanto por meio de suas temáticas como por transformações em seus recursos de construção e interpretação. Um estudo aprofundado deste processo encontra-se em Chadwick, O.: *The secularization of the european mind in the 19th century*, Cambridge University Press, 1975.

centou aos significados plástico e retórico já existentes. Não é o caso, neste estudo, de enveredar pelo exame das ambigüidades e transformações de sentido em busca de uma tradução ideal. As imprecisões e dificuldades são inerentes ao trabalho da tradução, até mesmo porque são também reveladoras da irredutível dimensão de alteridade presente na diferença entre as línguas. Penso apenas em permanecer um pouco mais neste território para investigar brevemente as interações que tornam possível e apropriado o uso dos termos latinos "figura" e "figurabilidade" em correspondência às palavras germânicas *Darstellung* e *Darstellbarkeit*, no contexto do pensamento psicanalítico.[4]

O *Dicionário Comentado do Alemão de Freud*[5] indica inicialmente diversos sentidos coloquiais para o verbo *darstellen*, que sempre implica um duplo movimento de "dar uma forma captável" e "mostrar". A relação inclui "explicar", "descrever", "apresentar", "expor", "mostrar" e "exibir". Também é habitual a tradução por "figurar", "representar" e "constituir". *Darstellbarkeit*, a palavra que Freud utiliza para designar a capacidade de um dado conteúdo encontrar expressão no sonho, é uma extensão do sentido do verbo *darstellen* e do substantivo *Darstellung*, que se refere, por sua vez, à maneira como algo físico ou espiritual é apreendido e levado a exposição. O verbo *darstellen* opera uma função de mediação na qual algo que ainda se encontra ininteligível para um destinatário é apreendido e constituído numa forma que pode se presentificar num meio interpessoal e inteligível aos sentidos (forma pictórica ou acústica, expressão visual, verbal, musical, etc.). Tal atividade de mediação consiste então em "imaginificar dirigindo-se a alguém", o que justifica seu emprego como sinônimo de verbos que expressam um esforço de explicitação, como "explicar", "descrever" e "expor".

Uma atenção particular é necessária quando se trata de fazer corresponder a *Darstellung* o termo "representação", com freqüência

---

4. A edição brasileira da *Standard* (Imago) utiliza o termo "consideração pela representabilidade", bem como a tradução de Balesteros para o espanhol, da Biblioteca Nueva, em que aparece "cuidado de la representabilidad". "Figure" e "prise en considération de la figurabilité" são os termos empregados nas edições francesas. Na versão argentina de Etcheverry, pela Amorrortu, emprega-se "figura" e "miramiento por la figurabilidad".

5. Hanns, L.: *Dicionário Comentado do Alemão de Freud*, Rio de Janeiro, Imago, 1996, p.376-385.

utilizado para traduzir diversas noções psicanalíticas, das quais as mais conhecidas são *Vorstellung*, *Repräsentant* e *Repräsentanz*. O verbo "representar" e o substantivo "representação" dispõem de alguns significados compartilhados e de muitos outros que não estão presentes em *Darstellung*, sendo necessário distingui-los para evitar uma compreensão equivocada. Não se encontram em *Darstellung* as acepções de delegação e procuração (no sentido em que o advogado representa o cliente); de símbolo e emblema (no sentido em que a cruz representa a fé cristã); de reprodução mental de imagens (no sentido de representação correspondente ao mundo percebido, como ao se dizer que a criança tem uma representação parcial do mundo); de encenação ou apresentação como montagem (no sentido em que a representação de uma peça teatral teve boa acolhida); de indicação de posição social (no sentido de que alguém pede ou recebe uma verba de representação) e de atribuição de valor ou significado (no sentido de que um fato pode representar muito na vida de alguém). Além de comportar sentidos estranhos a *Darstellung*, o termo "representação" não inclui as conotações específicas de presentificação, constituição e exteriorização, bem como a ênfase na apreensão e compreensão por um outro. O verbo *darstellen* realiza um tipo de mediação que se encontra em "expressar" e "exprimir" mais do que em "representar", pois estes verbos indicam a operação de colocar algo ainda não constituído e singular numa dimensão comum, um meio sensível, no qual adquira uma forma captável. Falta-lhes, no entanto, a intencionalidade dirigida ao outro que é característica de *darstellen*, pois algo "se expressa" ou "se exprime" por si, não necessariamente para alguém, dispondo de maior autonomia do que a que está presente no termo alemão.

Coloquialmente, os sentidos de "representação interna" ou "imagem mental" são raramente utilizados em referência a *Darstellung* e implicam maior ambigüidade pois podem recobrir também a noção de *Vorstellung*. É importante considerar que, embora também evoque uma dimensão visual-plástica e uma proximidade com a imaginação e a fantasia, o verbo *vorstellen* refere-se à colocação em cena de imagens já disponíveis e constituídas em experiências anteriores, caracterizando mais especificamente uma reevocação ou reprodução. Em *darstellen*, por seu turno, trata-se de "constituir" ou "produzir" uma forma apreensível inicial, que possa ser comunicada a outro. Ao contrário do que se poderia supor, entretanto, não é possível articular sistematicamente *Darstellung* e *Vorstellung* numa seqüência em que o sujeito constituiria a imagem sensorial para depois imaginá-la e evocá-la. Os dois termos referem-se a processos de naturezas muito diferentes, não a etapas diferentes de um mesmo processo. O uso de *Darstellung* como constituição de uma forma apreensível para si mesmo é pouco comum e pressupõe o próprio sujeito como "outro interno" e destinatário. É precisamente neste sentido singular, numa exceção ao uso coloquial, que Freud emprega a palavra para referir-se à produção de uma forma que presentifique, para o próprio sonhador, a satisfação do desejo. O trabalho de tornar apreensível o conteúdo do sonho consiste em transformá-lo em uma imagem sensorial, recorrendo à percepção e a todas as sensações, mas principalmente à visualidade. A natureza alucinatória da *Darstellung* – mais explicitada no capítulo VII, quando é articulada à regressão – é o que a distingue da *Vorstellung*. Nesta condição, em particular, é possível considerar a *Darstellung* como anterior à *Vorstellung*, que é uma idéia, uma imagem mental já constituída, despojada de sensações e disponível, em maior ou menor grau, à evocação. Este é o sentido em que, numa passagem freqüentemente lembrada, Freud refere-se aos elementos do conteúdo do sonho "que se comportam como imagens, ou seja, aqueles *mais semelhantes a percepções do que a representações mnêmicas*"[6] como os mais característicos e peculiares do fenômeno onírico. As diferenças entre as duas noções falam por si mesmas, a meu ver, em favor do emprego, em outros idiomas, de termos distintos que preservem seus sentidos e conotações específicas.

Para descrever a *Darstellbarkeit*[7] Freud a compara inicialmente ao trabalho de inserir numa publicação ilustrada um editorial de conteúdo político. É esta a dificuldade que se coloca à elaboração onírica na tarefa de transformar idéias abstratas em imagens plásticas capazes de figurar no sonho. Poucas linhas adiante, ainda no mesmo parágrafo, surge uma nova comparação, desta vez com a

---

6. Freud, S.: *A interpretação dos sonhos*, cap. I, in *Obras Completas, op. cit.*, vol. I, p. 378. (grifo meu)
7. Freud, S. : Idem, cap. VI, vol. I, p. 553.

procura do poeta pela palavra que melhor preencha os requisitos de sentido e forma de sua poesia. Ao evocar o desenhista e o poeta em suas analogias, Freud dá margem à escolha, em outros idiomas, de termos que comportem as mesmas aproximações. É o caso de *figura* que, como descreve Auerbach, evoluiu semanticamente até alcançar o âmbito da construção poética e das figuras de linguagem, sem deixar, entretanto, de incluir e transportar seus significados originais de "forma plástica e dinâmica", "imagem sensível", "forma perceptível", "visão de sonho" e "imagem de fantasia".

Método figural e psicanálise: aproximações

Ultrapassando o âmbito da semântica, no qual encontramos as afinidades de sentido entre a noção de figura e a *Darstellung* freudiana, o ensaio de Auerbach contribui também para a elucidação de afinidades mais extensas e significativas entre a psicanálise – como um fazer clínico inseparável de sua elaboração teórica – e a produção literária. Penso que dificilmente a leitura deste ensaio deixaria de evocar no leitor psicanalista, como ocorreu comigo, a "estranha sensação de familiaridade" que Freud, um tanto constrangido, reconhece como indicadora de laços de parentesco entre a psicanálise e a literatura[8]. São laços que implicam aspectos da formação cultural de Freud, seu estilo como escritor e a própria

---

8. Em nosso meio, Noemi Moritz Kon publicou recentemente um livro em que examina, com muita sensibilidade, as ambigüidades da relação de Freud com a natureza literária de sua produção, tomando como eixo de sua reflexão a carta de Freud ao escritor Arthur Schnitzler na qual se encontra a expressão que mencionei. (Ver : Kon, N. *Freud e seu duplo*, S. Paulo, EDUSP/FAPESP, 1996, p. 127) Também em favor do reconhecimento deste parentesco com a literatura, Mahony cita uma passagem pouco conhecida em que, numa confidência a Stekel, Freud teria dito : "Na minha mente, eu sempre elaboro romances usando minha experiência como psicanalista. Meu desejo é tornar-me um romancista, mas não agora, talvez nos últimos anos da minha vida". (Ver : Mahony, P. : "As dimensões dos escritos de Freud", in *Freud como escritor*, Rio de Janeiro, Imago, 1992, p. 28) Numa outra confidência, esta ao escritor Giovani Papini, em 1934, Freud teria dito: "Fui capaz de vencer meu destino de modo indireto e realizei meu sonho: permanecer um homem de letras sob a aparência de um médico". (Kon, N. : *Freud e seu duplo, op. cit.*, p. 126).

natureza do método psicanalítico e de seu modo peculiar de produzir conhecimento. Outros autores já os examinaram mais extensamente e algumas destas reflexões podem ser articuladas ao que Auerbach nos ensina sobre a figura e o método figural.

Desde a juventude, Freud era um leitor voraz, como se sabe por seus biógrafos e por sua vasta correspondência. Descrevendo seus anos escolares, Renato Mezan relata, em "Viena e as origens da psicanálise"[9], que Freud recebeu uma educação clássica, o que, na época, incluía vários anos de estudo do grego e do latim e a leitura dos grandes autores destes idiomas, assim como da literatura germânica dos séculos XVIII e XIX. Por seu próprio interesse, mergulhou também na literatura inglesa e dedicou-se ao estudo do espanhol. Possuía ainda extenso e profundo conhecimento dos textos bíblicos. Homero, os trágicos gregos, Virgílio, Dante, Goethe, Shakespeare, Cervantes, o Antigo Testamento e muitos outros autores e obras fizeram parte de seus anos de formação e continuaram presentes em suas reflexões, retornando com freqüência, por meio de citações, em todos os seus escritos.

Na Universidade, junto a Brentano, Freud ampliou seus conhecimentos de filosofia, além de ter recebido, particularmente de Brücke, as influências do positivismo que marcaram suas concepções científicas. Seu horizonte cultural era, segundo Mezan, o de um "alemão cultivado", somando-se à cultura judaica tradicional de sua família e a amplas referências literárias e científicas do pensamento europeu, inclusive das teorias evolucionistas de Darwin. Em matéria de arte, as preferências de Freud eram conservadoras, expressando-se em sua obra por menções, por exemplo, a Leonardo da Vinci e Michelangelo. Ao lado dos clássicos da literatura universal, ocasionalmente ele se referia a autores contemporâneos que apreciava por sua penetração psicológica, como Schnitzler, mas manifestava, como se sabe, verdadeira aversão por inovações artísticas, entre elas o surrealismo. Assim, nas palavras de Mezan, "Freud como indivíduo não faz parte da vanguarda cultural e artística que trouxe

---

9. Mezan, R.: "Viena e as origens da psicanálise", in Perestrelo, M. (org.): *A formação cultural de Freud*, Rio de Janeiro, Imago, 1996, p 73-105. Também em Mezan, R.: *Tempo de muda. Ensaios de Psicanálise*. S. Paulo, Companhia das Letras, 1998.

a Viena seu renome". Sua obra não influenciou a produção cultural do *fin-de-siècle* vienense, nem recebeu dela influências marcantes, na medida em que foi contemporânea destas mudanças, tendo surgido de modo independente e paralelo.

Paradoxalmente, são muitos os estudiosos que se referem à psicanálise como legítima representante das transformações que ocorreram naquele período. Refletindo sobre esta aparente contradição, Mezan observa que os movimentos culturais e artísticos que ocorreram em Viena, como em muitos outros lugares, tiveram em comum a ruptura dos códigos expressivos herdados das tradições culturais precedentes – renascentista, barroca e clássica – ou seja, promoveram a "explosão ou a dissolução da crença na 'naturalidade' dos meios habituais e familiares de expressão do real". A evolução da cultura desde o Renascimento vinha reproduzindo e transmitindo códigos expressivos que haviam se tornado "uma segunda natureza para a mente, os olhos e os ouvidos ocidentais", ou seja, eram tidos como capazes de expressar fielmente as operações do pensamento e a realidade apreendida pelos órgãos dos sentidos. É esta naturalização dos códigos expressivos que entra em crise na virada do século e é pelas peculiaridades de seu método, conclui Mezan, que "a psicanálise se mostra solidária e complementar às criações culturais que lhe são contemporâneas". A forma habitual de falar e de se comunicar é profundamente modificada pelas regras da situação psicanalítica. Na associação livre, os vínculos lógicos do pensamento são suspensos, favorecendo a regressão e a manifestação dos processos primários na fala do analisando e na transferência. Estes processos são acolhidos pela escuta flutuante do analista e de sua elaboração pode surgir a interpretação. A situação analítica é assimilada ao paradigma do sonho, pois nela operam os mesmos recursos da elaboração onírica.

Uma singular reviravolta opera na invenção do método psicanalítico. A tradição científica em que Freud se formou se faz presente em seus procedimentos e em seu esforço teórico e ele utiliza, com freqüência, um vocabulário mecanicista. Busca, sem dúvida, demonstrar não apenas a existência de uma atividade mental inconsciente, mas também que tal atividade produz efeitos plenos de sentido, ainda que regidos por uma causalidade mais complexa e menos linear do que a aceitável pela ciência da época. Todo este empenho, contudo, não impede que muitas de suas idéias e os fenômenos que investiga transbordem dos parâmetros em que pretendia mantê-los. "Freud era efetivamente um positivista", enfatiza Mezan em seu artigo, "mas a psicanálise vai além das intenções de seu criador e, por caminhos que ele não poderia prever, vem inserir-se no conjunto de idéias e de práticas novas que tomaram forma entre 1890 e o início deste século". Ao tentar investigar com os recursos da ciência territórios até então restritos aos poetas, romancistas e filósofos, Freud se depara com a "permanente infiltração dos processos secundários pelos primários" que é o modo de articulação próprio deste terreno. Criado nos moldes deste mesmo modo de articulação, o dispositivo analítico procura apreendê-lo sem as reduções a que seria forçado pelo uso de instrumentos e categorias de conhecimento científico então em vigor. O método respeita e acompanha a natureza e a forma de expressão que vigoram no território que se propõe a mapear.

As considerações de Mezan neste artigo a que fui me referindo indicam a importância dos anos de formação de Freud – mais do que a efervescência cultural de Viena – na criação da psicanálise. A formação científica, cuja importância não se pode minimizar, foi, como vimos, precedida por uma extensa formação humanista na qual a literatura teve um papel indiscutível. A grande literatura foi a fonte de muitas reflexões de Freud sobre a alma humana, até mesmo um fator da maior importância no despertar de sua fina sensibilidade. Certamente, ter lido os clássicos desde muito jovem contribuiu para o desenvolvimento do seu próprio talento e do seu estilo literário. A todas estas vertentes, freqüentemente mencionadas por diversos autores, talvez se possa acrescentar – à luz do roteiro que percorremos com Auerbach – que a formação literária de Freud foi também o veículo pelo qual o método figural inscreveu-se na psicanálise.

Freud e Auerbach certamente não se conheceram, sequer pela leitura recíproca. Bem mais jovem do que Freud, Auerbach (1892-1957), também um alemão cultivado, abandonou a carreira jurídica para dedicar-se às letras. De ascendência judaica, fugiu do nazismo e sua obra máxima, *Mimesis*[10], escrita no exílio em condições precárias, é um monumento à preservação da cultura em resposta ao avanço da barbárie. Mais do que o amor à literatura pelo prazer que ela proporciona, é a percepção profunda de suas possibilidades, dos papéis que ela cumpre, do que ela pode incorporar e expressar na cultura, que permite aproximar – embora inseridas em saberes distintos – as obras destes dois homens. Freud afirmou, certa vez, que a humanidade sonhava desde muito antes de a psicanálise ter sido por ele inventada para descrever os mecanismos dos sonhos e interpretá-los. De modo semelhante, Auerbach não inventa a figura. Ele a descreve em seus escritos, mostrando-a como forma de inscrição da realidade e da história, e de produção de sentidos, ativa e operante na literatura ocidental desde a Antiguidade. O método figural – interpretação e construção poética – bem como a figura propriamente, em todas as suas variações de significados e como operação no discurso, estão presentes na própria constituição de todas as obras literárias de que Freud se nutriu em seus anos de formação e se transmitem, posteriormente, à sua escrita e ao método que ele cria.

Profundo conhecedor da escrita freudiana, Patrick Mahony enfatiza que, ao invés de descrever o conhecimento já obtido, "os escritos de Freud *produzem* conhecimento".[11] A sobredeterminação, a simultaneidade e a sobreposição em vários níveis ou camadas são características dos acontecimentos psíquicos, colocando-se como um sério desafio à expressão pela linguagem abstrata, que é essencialmente linear. Assim, acompanhando a natureza de seu campo de investigação, a teoria e a escrita tornam-se *processuais*, utilizando-se de recursos que as tornam maleáveis a serviço de uma constante elaboração. Com freqüência, Freud ignora como irá evoluir e terminar o que começou a escrever. Tomando como exemplo o capítulo

---

10. A edição original de *Mimesis: Dargestelle Wirklichkeit in der abendländischen Literatur* é de 1942. Foi traduzida para o espanhol como *Mimesis: La representácion de la realidad en la literatura occidental*, México, Fondo de Cultura Económica, 1950, reeditada em 1987 e 1995. Existe uma tradução para o português, da Editora Perspectiva.

11. Mahony, P.: "As dimensões dos escritos de Freud", in *Freud como escritor*, Rio de Janeiro, Imago, 1992, p.29.

VII da *Interpretação dos Sonhos*, Mahony observa que nele "a atividade do aparelho psíquico é, de imediato, o sujeito do estilo e seu objeto. O continente e o conteúdo, *forma e matéria* são inseparáveis e, na verdade, intercambiáveis".[12] Mahony alinha-se entre os autores para os quais o uso de recursos figurativos, da metáfora, em particular, é inevitável mesmo na linguagem científica. Na psicanálise, sobretudo, os recursos figurais são mais úteis do que os termos abstratos, pois facilitam a apreensão da subjetividade da experiência, não apenas as idéias que a refletem mas também os afetos que ela movimenta. Freud utiliza grande variedade de técnicas e recursos da linguagem figurativa, principalmente o quiasmo, a analogia e a metáfora, e Mahony examina-os minuciosamente em diversas passagens de textos importantes. Em sua opinião, tais recursos se integram à funcionalidade de um estilo que "mostra a influência variável e as marcas do impulsivo nos processos racionais", outra maneira de se referir ao que Mezan, como vimos, descreve como "infiltração dos processos secundários pelos primários".

Também para Mahony, como pesquisador e escritor Freud se rendia não apenas ao impulso, mas às exigências do material sobre o qual trabalhava. Como conseqüência, sua escrita é reveladora do pensamento em pleno processo dinâmico, "um ato no presente", promovendo no leitor uma resposta evocativa e associativa, um efeito inesperado de descoberta e de verificação pessoal das suas formulações. Para produzi-lo são empregados plenamente os quatro modelos básicos do discurso: o dialético, o retórico, o expressivo e o estético. Mahony define este estilo como *pensamento pensante*,[13] próprio de um momento em que a experiência ainda está constituindo uma forma para se expressar, em contraste com o pensamento já refletido ou pensamento pensado. Tal proximidade entre a linguagem e a vivacidade da experiência permite considerar a escrita de Freud como um gênero, o texto clínico, inédito não apenas por sua temática mas por seus efeitos. Como resultado, a leitura freqüentemente evoca – e promove – as vivências da própria experiência psicanalítica.

---

12. Idem, p. 31.(grifo meu)
13. Mahony, P.: "A funcionalidade do estilo", in *Freud como escritor, op. cit*, , p. 148 e ss.

A facilidade verbal e a memória notável de Freud associam-se a um dom de *visualização* e lhe permitem verbalizar acontecimentos passados *presentificando-os* de um modo que Mahony designa pela noção de *co-presença*. A esta capacidade que, embora qualitativamente diferente, evoca a alucinação, deve-se a imediaticidade transmitida na escrita. Em muitas passagens da *Interpretação dos Sonhos*, Freud a acentua empregando os verbos no tempo presente, como se estivesse narrando o sonho no próprio momento de sua ocorrência, característica que não é observada com rigor nas traduções. Em contrapartida, em outros trechos, ele domina deliberadamente o impulso e orienta com habilidade o leitor em relação ao tempo e ao espaço, conforme o tratamento que pretende dar ao seu assunto principal. Deixando temporariamente a linguagem figurada, recorre a termos e construções que expressam a introspecção, a retrospecção e a prospecção, além de expressões que incluem o leitor e suas possíveis reações, ajudando-o a movimentar-se no ir e vir da argumentação. Desta maneira, sugere Mahony, ele controla parcialmente seus "surtos de escritor", introduz a reflexão sobre o que já foi dito e recupera para a consciência sua intencionalidade. A análise rigorosa a que Mahony submete a escrita de Freud permite, a meu ver, reconhecer em sua composição, junto a outros recursos, os múltiplos empregos da figura, tal como nos foram apresentados por Auerbach em seu ensaio. Plástica, dinâmica, lúdica e mutável, imagética, perceptiva, onírica e alusiva, a figura acompanha a constituição do pensamento, dando forma à experiência, ao sensível, no interior da linguagem.

Como *pensamento pensante*, a escrita recorre à figura para apreender e inscrever na teoria o conhecimento que o método vai produzindo. Os conceitos de Freud são, em si mesmos, figuras que dão forma a instâncias e funcionamentos psíquicos inapreensíveis diretamente. Há, ainda, a ser reconhecida, a presença da figura no próprio terreno da investigação, no modo pelo qual o psiquismo apreende a realidade inscrevendo-a na história pessoal e também interpretando e produzindo sentidos. Ganha relevo, neste processo, a noção de *a posteriori*, pela qual a reflexão freudiana integra a causalidade psíquica e a produção de sentidos a uma concepção de temporalidade que, a meu ver, é em tudo semelhante à temporalidade característica do método figural, tal como Auerbach o descreve.

Desde o início, as experiências da vida marcam a memória por meio de traços mnésicos que, mesmo nas primeiras elaborações de Freud, não se constituem como elementos de uma causalidade simples e linear, pela qual o presente encontraria no passado suas determinações diretas. Em diversas oportunidades, inclusive em sua correspondência[14], Freud refere-se a estratificações dos registros mnésicos, a reinscrições e remanejamentos. Estas modificações *a posteriori* conferem ao passado não apenas sentido, mas também uma eficácia e um poder patogênico, como assinalam Laplanche e Pontalis.[15] Entretanto, isso não significa que o passado seja totalmente constituído por fantasias retroativas, como chegou a ser sugerido por Jung, para encobrir as dificuldades presentes e permitir a fuga às exigências da realidade e o refúgio em causas imaginárias. No pensamento de Freud, a causalidade psíquica é, inicialmente, produto da interação entre acontecimentos da infância que, devido à sua natureza sexual e à imaturidade da criança para significá-los, não puderam incluir-se em encadeamentos de sentidos, e acontecimentos posteriores à puberdade que, tendo com os primeiros alguma analogia, ativam sua recordação, acrescentando-lhes as sensações sexuais que, pela maturação, tornaram-se possíveis. Na gênese da neurose, a segunda cena confere à primeira um sentido que a torna traumática – por isso patógena – *a posteriori*, e o recalque é a defesa do ego diante desta recordação . O segundo acontecimento revela a verdade do primeiro, verdade de ter sido vivido, ao mesmo tempo que lhe confere o sentido sexual até então encoberto. Por outro lado, como na construção figural, o primeiro acontecimento já prefigura o segundo, embora seu sentido só vá estabelecer-se pela integração entre os dois. A concepção de *a posteriori* admite tanto a retroação significativa do segundo acontecimento sobre o primeiro quanto o efeito retardado do primeiro sobre o segundo, como é exemplificado no caso do pequeno Hans. A descoberta da diferença sexual dá

---

14. Freud, S. : *As origens da psicanálise*, in *Obras Completas, op. cit.*, vol. III, p. 3550.
15. Laplanche, J. e Pontalis, J.-B.: *Vocabulário de Psicanálise*, S. Paulo, Martins Fontes, 1991, p. 33 e ss.

plausibilidade à ameaça de castração anteriormente enunciada pela mãe e, ao mesmo tempo, esta ameaça prefigura a interpretação que, mais tarde, será dada pela criança à descoberta da diferença.[16] O termo empregado por Freud, *Nachträglichkeit*, comporta uma atuação simultânea nas duas direções.[17] Na teoria da sedução e do trauma desenvolvida para dar conta da causalidade neurótica, o segundo acontecimento opera como preenchimento do primeiro, que o antecipa, tal como entre os acontecimentos reais e históricos que se articulam na produção figural. A realidade psíquica revela, assim, seu parentesco com a produção poética.

A falência da teoria da sedução e a introdução da fantasia e da sexualidade infantil alteram a natureza dos elementos mas não o funcionamento do *a posteriori*. Deslocada para um período inicial da infância, a constituição do sentido por meio da relação entre dois momentos da história do neurótico considera a fantasia como um acontecimento psíquico que expressa uma sexualidade realmente vivida pela criança. As excitações experimentadas no curso das vivências edípicas incidem *a posteriori* sobre traços mnésicos de acontecimentos ainda mais precoces, que permaneciam sem significado, cuja realidade concreta também pode ser discutida mas que, em última instância, Freud acaba por referir, em seu estudo sobre o Homem dos Lobos, a uma realidade filogenética inscrita nas fantasias originárias.[18] O acontecimento da sexualidade edípica revela e dá sentido a lembranças, reais ou construídas, que se organizam de acordo com estas fantasias. Constitutivas de um patrimônio filogenético, as fantasias originárias, por sua vez, podem ser entendidas como prefigurações das vivências e fantasias edípicas

A noção de *a posteriori* não chega a ser explicitamente teorizada por Freud, mas faz parte de seus recursos conceituais e dá sustentação a muitos dos seus desenvolvimentos. Por seu intermédio é possível pensar a constituição do romance familiar do neurótico através do efeito de novas experiências que vão, constantemente, atribuindo sentidos às mais antigas, ao mesmo tempo que não deixam de,

---

16. Freud, S.: "Análise da fobia de um menino de cinco anos", in *Obras Completas, op. cit.*, vol. II, p. 1381.
17. Hanns, L.: *Dicionário comentado do alemão de Freud, op. cit.*, p. 87.
18. Freud, S.: "História de uma neurose infantil", in *Obras Completas, op. cit.*, vol. II, p. 1994-1995.

em certa medida, ser por elas prefiguradas. Assim, o *a posteriori* pode ser entendido como processo de historização subjetiva e de inscrição da realidade nesta história – modo de construção da própria realidade psíquica – e que, evidentemente, pode sofrer paralisações ou deixar lacunas, casos em que é capturado pela repetição. A historização produz as figuras que povoam a escuta do analista e que podem ser vistas, como na literatura, "por uma dupla luz"[19], enquanto interpretação de um texto antigo e carregado da história vivida e, ao mesmo tempo, enquanto possibilidade de produção e criação constante desta história, quer por remanejamentos de sentidos anteriormente estabelecidos, quer pela inclusão no processo de acontecimentos ainda não significados. O analista e a própria situação analítica são incluídos pela transferência na continuidade deste processo, o que confere à situação analítica o caráter de acontecimento "histórico e real" que pode incidir sobre os momentos anteriores e revelar a verdade vivida que organiza a história subjetiva. Em analogia com o método figural, pode-se dizer que a situação analítica dispõe de uma condição semelhante à do preenchimento que possibilita remanejar sentidos anteriores, movimentando as paralisações, e inscrever novos sentidos, inserindo no processo acontecimentos até então isolados e abrindo-se, assim, à continuidade da historização. Incompletude, provisoriedade e abertura a novas interpretações e criações são características do método figural que se encontram também ativas no método psicanalítico.[20]

A rigor, nada há a estranhar nestas aproximações e afinidades entre os métodos. O que elas explicitam, mais uma vez, é a estrei-

---

19. Expressão de Auerbach a que me referi, neste texto, na p. 28.

20. Em *Moisés e a religião monoteísta* (1939), Freud demonstra seu domínio do método da interpretação figural. Neste "romance histórico", como chegou a designar seu ensaio, ele chega a dois outros personagens, um nobre egípcio e um pastor madianita, que teriam sido fundidos pela tradição na figura do patriarca bíblico. A interpretação figural opera, neste trabalho, como uma desconstrução que promove uma ultrapassagem da narrativa mítica para a histórica, no sentido mais moderno de história aberta às múltiplas interpretações dos acontecimentos e de suas interações. Freud, S.: *Moisés e a religião monoteísta*, in *Obras Completas, op. cit.*, vol. III, p.3263. Em trabalho recente, Nelson da Silva Jr. assinala a importância deste texto como evidência de que, em seus últimos desenvolvimentos, Freud "refuta qualquer pretensão de princípio de identidade, no que diz respeito ao sujeito, pela refutação corajosa da mitologia identitária de suas próprias origens". A subjetividade, bem como qualquer herança cultural, estão, assim, permanentemente abertas a novas produções de sentidos. In Silva Jr. N: "Modelos de subjetividade em Fernando Pessoa e Freud. Da catarse à abertura de um passado imprevisível", in Pereira, M.E.C. *Leituras da psicanálise. Estéticas da exclusão*, Campinas, Mercado das Letras, 1998, p.139.

ta e complexa interação entre a psicanálise e a cultura, à qual nem sempre estamos atentos quando nos encerramos entre as paredes de nossos consultórios ou quando nos envolvemos em nossas discussões teóricas. Entre os psicanalistas contemporâneos, Claude Le Guen é, por certo, um dos que mais enfatizam a importância desta inserção. Evocando a afirmação de Heisemberg de que, em ciência, "a realidade é a imagem das nossas relações com a natureza... antes de mais nada, é a rede de relações entre o homem e a natureza"[21], Le Guen aponta à multiplicidade das realidades presentes nestas relações e à especificidade pela qual cada campo do saber se constitui voltado a um modo particular de existência desta relação. A psicanálise pode, assim, ter uma concepção própria de realidade – realidade psíquica – que se constitui em referência a uma história – história subjetiva – também definida na singularidade do campo psicanalítico. "A única história que a psicanálise pode conhecer", diz ele, "é aquela que se faz em nossos divãs".[22] No entanto, ao se fazer, esta história singular põe em andamento modos de construção e interpretação análogos aos que operam em outras produções também históricas na cultura, como é o caso da literatura. É assim que, no método psicanalítico, se faz presente a figura. No contexto de cada sessão, é por seu intermédio que a escuta do analista apreende a realidade psíquica que toma forma em imagens sensíveis. Ao longo de uma análise, a sucessão de figuras acompanha o desenrolar e a incessante constituição de uma história subjetiva.

---

21. Citado em Le Guen, C.: A dialética freudiana I. Prática do método psicanalítico. S. Paulo, Escuta, 1991, p. 19.

22. Le Guen, C.: Prática do método psicanalítico, op. cit., p. 20. Neste trabalho, Le Guen desenvolve o par dialético apoio-a posteriori e observa que "Freud é obrigado, pelo próprio objeto de seu estudo, a aplicar um método dialético", já que o psiquismo procede dialeticamente. Mahony assinala, como vimos (p. 35) , que o discurso dialético é um dos recursos do pensamento pensante de Freud.

Estudo II

Nas bordas da palavra

> "*Agora a realidade das coisas visíveis está revelada, o que nos leva a exprimir a crença de que, em relação ao todo do universo, o visível é somente um exemplo isolado e de que existem, em número muito maior, outras realidades latentes.*"
> Paul Klee

Pesquisador formado na rigorosa tradição do séc. XIX, ao deparar-se na clínica com os enigmas da histeria, Freud procurou inicialmente abordá-los com os instrumentos da ciência do seu tempo. Um longo trajeto precisou ser percorrido desde as formulações esboçadas em seus primeiros escritos até que, tendo passado por muitas transformações, seu pensamento chegou às inspiradas concepções que, no capítulo VII da *Interpretação dos Sonhos*, inauguraram a metapsicologia e demarcaram o campo da psicanálise.

Ao expressar-se por meio da palavra, a histeria colocou em questão os princípios que orientavam a própria clínica. A observação minuciosa, recomendada por Charcot, deu lugar à escuta e esta, por sua vez, revelou conexões antes desconhecidas entre a linguagem e o corpo, causando profundas mudanças nas noções até então em vigor a respeito de um e de outro. Conduzido pela escuta da histeria, Freud incluiu o conflito e o sonho entre suas preocupações de investigador, desalojando radicalmente a consciência e a razão e, em conseqüência, promovendo também profundas alterações na compreensão do observável e nas características do discurso teórico construído para apreendê-lo.[1] A análise dos sonhos, em particular,

---

[1]. Tais alterações acontecem no contexto cultural e científico da Viena, na passagem do séc. XIX ao séc. XX, período que se caracteriza por um amplo movimento de ruptura com o espírito clássico e a hegemonia da razão. Diversos autores dedicaram-se a pesquisar as relações entre o surgimento da psicanálise e este momento. Entre os brasileiros destacam-se Renato Mezan em *Freud, pensador da cultura*, São Paulo, CNPq/ Brasiliense, 1985 e, mais recentemente, Noemi M. Kon, em *Freud e seu duplo*, op. cit., p.63-104.

revelou ser um recurso privilegiado de investigação do psiquismo, ao mesmo tempo que, ao trazer para o campo de pesquisa a intimidade do próprio pesquisador, colocou em suspenso as tradicionais demarcações entre o método científico e seu objeto.

Em muitos sentidos se pode dizer que cada análise que se inicia volta a percorrer, à sua maneira e de forma condensada, os mesmos caminhos trilhados por Freud até chegar à descoberta do que viria a ser o território próprio da psicanálise. Apesar da passagem do tempo e da inclusão e difusão da psicanálise na cultura, na singularidade de cada análise acontece um processo de redescoberta que mantém estreita correspondência com o percurso inaugural. Um funcionamento particular da linguagem, suas relações com o corpo e a pulsão, a insuficiência da razão e da consciência diante da intensidade dos desejos e conflitos são experiências que cada analisando atravessa e que transformam profundamente suas concepções iniciais quanto ao conhecimento que lhe seria possível alcançar a respeito de si mesmo por meio da análise.

O analista, por seu turno, está igualmente implicado nesta reinauguração. Ter acumulado certo conhecimento ao longo de sua formação e tê-lo mobilizado e subjetivado através de sua análise pessoal são recursos que, em princípio, fazem dele um participante mais disponível às surpresas do caminho. Não há como saber, no entanto, sobre as particularidade dos movimentos que será convocado a acompanhar em cada análise, nem quais recantos de seu próprio psiquismo serão alcançados, e seguramente transformados, a cada novo analisando que lhe chega. Assim, para os dois participantes da situação analítica, trata-se de abrir acesso a uma modalidade de conhecimento que, por sua natureza absolutamente subjetiva, bem como pelas características peculiares do método que o propicia, é tão inédita no interior de cada análise quanto foi para Freud em seu trajeto fundador.

Entre as transformações necessárias ao surgimento da psicanálise insere-se a que me ocorre descrever como um processo de *interiorização do olhar*, pelo qual as imagens visuais transpõem os limites do espaço do visível a que pertencem inicialmente e tornam-se elementos de um espaço psíquico. No pensamento de Freud as imagens visuais percorrem um caminho que se inicia em seus tempos de laboratório, passando pelas lembranças de experiências traumáticas e a seguir pelas fantasias de suas pacientes histéricas, até chegarem a constituir-se como elementos da figurabilidade na formação do sonho.

Uma transformação das imagens visuais em elementos oníricos e figurais também acontece como parte do processo pelo qual se instala cada análise, permitindo que se formule entre o sonho e a situação analítica uma relação de correspondência. De início, as palavras do analisando falam do que lhe ocorre, do que ele conhece ou supõe conhecer a seu próprio respeito. Destinam-se a compor um relato do visível. Acolhidas pela escuta flutuante, entretanto, despertam no analista imagens que passam a mover-se num espaço de natureza virtual, como o do sonho, e assim emprestam forma ao desconhecido, ao que permanecia, até então, invisível e suspenso entre as palavras. Assim como a passagem do visível ao virtual é a transformação pela qual o pensamento de Freud chega à concepção de espaço psíquico, no dispositivo analítico é a escuta flutuante que, ao acolher a fala do analisando e as imagens que ela suscita, opera a passagem deste limiar e transforma a situação analítica em espaço propício ao surgimento das figuras.

Ao deslocar-se gradualmente do lugar de observador, Freud torna-se, ele mesmo, o sonhador. A psicanálise surge deste movimento ousado que pode ser tomado como referência da transformação a ser efetuada para que cada análise possa acontecer. Por vezes, já desde as primeiras sessões o analista se vê surpreendido por certa facilidade com que lhe ocorrem as imagens. Por outro lado, há análises – ou períodos de uma análise – em que elas tardam a aparecer ou acontecem entre longos intervalos nos quais a escuta encontra dificuldade em afastar-se da superfície das palavras. Como sabemos, Freud concebia a memória inconsciente do analista, disponível na atenção flutuante, como um receptor capacitado a reconstruir, com o que lhe é comunicado, o próprio inconsciente do paciente[2]. As imagens que se constituem nesta recepção, assim como as do sonho na concepção privilegiada por

---

2. Freud, S.: "Conselhos ao médico no tratamento psicanalítico", in *Obras Completas, op. cit.*, vol. II, p. 1655

Freud, são figuras que dão forma plástica ao retorno encoberto do recalcado, cujo texto cabe ao analista reconstituir. O surgimento ou a ausência das figuras, bem como sua movimentação ou paralisação em certos momentos da análise, são possíveis efeitos das mesmas forças pelas quais um sonho pode ser lembrado com facilidade ou, ao contrário, esquecido total ou parcialmente. Se o retorno do recalcado fracassa em satisfazer as exigências da censura, acaba por sucumbir à resistência. Este destino se expressa na forma de lacunas e esquecimentos que permeiam tanto a narrativa de um sonho quanto qualquer outra fala do paciente, mas pode manifestar-se igualmente do lado do analista, nas dificuldades que atingem sua escuta, particularmente na forma de um *vazio figural* ou de uma paralisação do movimento das figuras.

A natureza virtual do espaço psíquico em que se instalam o sonho e a situação analítica permite ainda pensar nas figuras que aí se formam como efeitos de transformações nas quais também o novo pode se inscrever. Um vazio figural pode corresponder, na análise, às lacunas deixadas pelo que, como no sonho, recai no esquecimento e que será o caso de reconstruir. Pode também ser o espaço em branco – o papel diante do poeta, a tela diante do pintor – à espera do que não chegou a se instalar no espaço psíquico e ainda não pode, portanto, ser sequer sonhado. A memória inconsciente do analista, como "órgão receptor", empresta suas imagens aos remanejamentos necessários à expressão de uma realidade psíquica que se constitui, é certo, como recalcado, mas talvez também seja sensível ao nunca antes pensado, às irrupções do que ainda não dispõe de uma forma de presença no espaço psíquico. A consideração pela figurabilidade, descrita por Freud como uma transformação do pensamento em imagens visuais segundo uma direção regressiva, pode estar, igualmente, a serviço de um movimento progressivo e criativo que consiste em incluir e dar forma a este não pensado. As figuras que assim se apresentam, quer sirvam à expressão do recalcado ou à inscrição do inédito, participam juntas das transformações que a análise visa promover na realidade psíquica e da produção constante de novas realidades. Em sua condição de figuras, as imagens visuais que surgem na escuta flutuante são precursoras, ou antes, são a matéria-prima da qual irão se constituir as metáforas que conferem à fala do analista sua potência de interpretação e são também, por vezes, elementos de uma construção que irá cerzir uma lacuna psíquica.

É tempo de introduzir a clínica, através de uma narrativa que tem como fio condutor as imagens e figuras que surgiram em momentos importantes do atendimento. Neste primeiro relato, penso que é possível acompanhar a instalação e o prosseguimento da análise como processo de interiorização do olhar, passagem do visível ao virtual, solidária do percurso que conduziu à descoberta da psicanálise. Gradualmente, uma demanda de tratamento transforma-se num percurso pessoal em que o analisando se engaja. A escuta analítica, inicialmente depositária de uma expectativa de conhecimento *a priori*, torna-se aos poucos participante da retomada de uma história subjetiva, na medida em que acolhe e presentifica as figuras reveladoras desta história e possibilita novas figurações.

O homem-sucata

Quando me procurou, Wilson sentia-se "em desespero de causa". Após muita hesitação, cedia finalmente à indicação de seu médico e à insistência da esposa, pois nunca havia pensado que viria a precisar da ajuda de um analista. Parecia bastante intimidado e constrangido por não conseguir solucionar sozinho seu grande mal-estar. Ao longo dos últimos meses, vinha experimentando uma ansiedade que se tornava cada vez mais intensa e, recentemente, haviam começado a ser freqüentes as crises de insônia e depressão. O médico o advertira para a possibilidade de desenvolver uma úlcera e foi o risco de ver sua saúde comprometida que o levou a buscar ajuda.

As dificuldades haviam começado no terreno profissional. Wilson era engenheiro de uma grande empresa que iniciara recentemente um processo de modernização da sua estrutura, aderindo à ideologia da "qualidade total" que começava a ser difundida e implementada em alta escala na época. Novos padrões de produção, racionalização administrativa, reciclagem dos funcionários, tudo isso me foi explicado por ele em detalhes e com evidente ambivalência. Ao mesmo tempo em que manifestava interesse e entusiasmo pela empresa e por esses processos, era tomado pelo temor de não ser capaz de acompanhar as mudanças e adaptar-se aos novos tempos. Os novos objetivos da empresa implicavam em remanejamentos de pessoas e funções e Wilson vinha sentindo muita dificuldade em inserir-se no processo. Sempre exercera funções técnicas rotinizadas e precisas. Com as mudanças, havia recebido a liderança de uma equipe de planejamento e era agora solicitado a se relacionar, administrar o funcionamento de pessoas, pensar em estratégias, ouvir sugestões, mediar discussões, funções para ele estranhas. Sendo muito detalhista, o esforço necessário para fazer-se compreender pelos colegas dava-lhe a sensação de que se tornava um "chato" que ninguém queria ouvir. Percebia que os outros se aborreciam com suas intervenções e que se confundia tentando conciliar as demandas dos que desejavam implantar de imediato os novos procedimentos e dos que, mais avessos às reformas, faziam tudo para retardar o processo. Diante das dificuldades, duvidava de sua competência e adequação e temia que também fosse esta a avaliação dos colegas a seu respeito. Após quase quinze anos de emprego, vinha considerando a hipótese de se demitir, mas não se sentia capaz de enfrentar as exigências de um mercado de trabalho povoado de jovens profissionais muito mais competitivos e atualizados do que ele. A experiência que acumulara em sua área era bastante específica e dificilmente seria utilizada em outro contexto, o que restringia muito suas possibilidades de encontrar outra colocação. Permanecendo na empresa, contudo, sentia-se ameaçado de virar "sucata", como ele mesmo definiu a situação dos funcionários que, desvalorizados, recebiam incumbências secundárias enquanto aguardavam a aposentadoria.

Wilson tinha um casamento estável e dois filhos adolescentes. Também com eles vinha sentindo dificuldades de relacionamento, pois se desgastava muito procurando torná-los mais responsáveis e organizados. Estabelecia espaços e rotinas para que as coisas fossem sempre guardadas nos seus devidos lugares, o que invariavelmente não acontecia, e parecia-lhe que não davam atenção às suas idéias porque estava sempre apontando ao que não estava bem feito. As qualidades dos filhos, por outro lado, haviam surgido por si mesmas ou por mérito da esposa, pois Wilson não conseguia atribuir-se qualquer crédito como pai. Não reconhecia sua participação na formação dos filhos, apesar dos protestos de sua mulher que argumentava com ele como podia, procurando mostrar-lhe suas contribuições. Em nossas conversas iniciais, falou-me também, em detalhes, de sua casa, especialmente da oficina anexa à garagem, onde ele guardava tudo o que podia ser de alguma serventia. Porcas e parafusos, ferramentas em geral, material de jardinagem, enfim, tudo rigorosamente classificado em vidros, gavetas e prateleiras. O lugar estava entulhado e ele planejava fazer uma triagem mas não conseguia desfazer-se de nada, pois sempre achava que poderia ser de utilidade.

A família possuía também um sítio, comprado para ser um lugar de repouso e lazer. No entanto, estava se tornando outro motivo de desgaste para Wilson, que se empenhava em transformá-lo num lugar agradável ou, pelo menos, produtivo. Era difícil encontrar um caseiro de confiança para cuidar do local e plantar alguma coisa. Planejava algumas reformas, mas os filhos não se entusiasmavam. Passou a pensar, então, que o que tinha a oferecer não era o que interessava à família e estas vivências, somadas às dificuldades que enfrentava na empresa, faziam-no sentir-se deslocado, um "peixe fora d'água", tanto em casa quanto no trabalho, acentuando sua depressão.

Iniciada a análise, não tardam a estabelecer-se os modos de interação característicos de Wilson. Ele preenche as sessões com minuciosas narrativas do seu dia-a-dia, procurando com isso fazer-me compreender cada situação que enfrenta na empresa. Com todos os detalhes que fornece, procura engajar-me numa pesquisa das causas de suas dificuldades para que eu possa ajudá-lo a "corrigir-se" indicando como deve mudar suas condutas para conseguir integrar-se. Quer saber minhas impressões, meu diagnóstico e minhas recomendações. O mesmo raciocínio causalista e explicativo é dirigido à análise. Procura fazer-me explicar como esta funciona, qual o meu método e o que ele deve fazer para, por sua vez, colaborar com os "resultados". Parece-lhe improvável que deitar-se no divã e falar livremente possa nos levar a algum lugar. Na medida do possível, vou assinalando este seu funcionamento sempre às voltas com as causas e os efeitos, cada coisa no seu lugar. Ele não sabe expressar-se de outra maneira, sem recorrer a seus raciocínios, e fica surpreso ao dar-se conta de que o esforço consciente e dirigido à procura de explicações não é um instrumento de nosso trabalho tão importante quanto imaginava.

Alguém lhe disse que os analistas trabalham com os sonhos e, a uma certa altura, ele começa a contar-me alguns. São quase sempre sonhos de angústia, em que se encontra em situações constrangedoras ou de impasse. Num deles, alguém o surpreende nu em sua casa que se transformou num labirinto. Ele não consegue encontrar o caminho para o seu quarto, onde estão suas roupas. Peço-lhe associações e ele se esquiva pois, afinal, a analista sou eu. Não me faço de rogada e forneço-lhe uma interpretação clássica, ligando o sonho diretamente à análise e aos receios de que eu possa vê-lo tão indefeso e perdido no labirinto de seus sentimentos. Mais do que devido à pertinência de seu conteúdo, é pela ruptura que introduz no seu modo habitual de se expressar que esta interpretação, apesar de sua quase banalidade, produz em Wilson um efeito de surpresa. Ele fica evidentemente impactado por eu ter interpretado o sonho no contexto da nossa relação e a análise ganha, a partir de então, um pouco mais de movimento. Passa a contar seus sonhos com freqüência, fornecendo sempre as primeiras explicações vinculadas aos fatos "causadores" de cada dia e aguardando com curiosidade minhas intervenções. Cabe a mim introduzir em seus esforços de compreensão alguma ambigüidade, alguma direção inesperada que traga à tona na sessão seus estados internos. Assim, muito lentamente, a linearidade e a causalidade que regem o funcionamento psíquico de Wilson começam a ceder espaço ao reconhecimento de que sua vida emocional não se organiza, como sua oficina, em gavetas e prateleiras.

É com os relatos dos sonhos e com nosso interesse em interpretá-los que as figuras começam a movimentar-se na análise. Até então, as cenas que me ocorriam enquanto o escutava permaneciam muito aderidas ao seu discurso, funcionando apenas como ilustrações do que ele me narrava. Sua fala descritiva e detalhista tinha a intenção de mostrar-me as ocorrências de sua vida da forma como ele as via. Durante estes primeiros tempos, permanecemos assim, no território do visível. As imagens que ocasionalmente surgiam da minha memória tendiam a preencher o que ele me descrevia, já que a atenção, ao invés de flutuar como seria desejável, ficava capturada pelas minúcias de sua narrativa. O início do trabalho com os sonhos, por outro lado, embora não ocupe todas as sessões nem promova uma reviravolta na análise de Wilson, introduz aos poucos uma outra forma de expressão, para ele até então desconhecida, que escapa às exigências racionais com as quais aborda habitualmente suas experiências. Ele torna-se mais reflexivo, envolve-se e demonstra interesse pelo que pode nos surpreender a cada vez. Aos poucos, mesmo quando não se trata de sonhos, torna-se possível escutá-lo em algumas sessões com mais mobilidade e liberdade associativa. O que "pode ser", o virtual, começa a ter lugar nas entrelinhas de sua fala.

É desse modo, por exemplo, que durante algum tempo o velho trator que utiliza em seu sítio nos fornece as imagens com que acompanhamos suas dificuldades pessoais. O trator encrenca, atola, volta a funcionar, quebra novamente e assim figura, na análise, os impasses de Wilson com os aspectos que deseja mudar em si mesmo mas dos quais reluta em se desfazer pois, como os pequenos objetos que guarda em sua oficina, podem ainda "ter alguma utilidade".

Há, sem dúvida, momentos de desalento em que Wilson questiona a análise e pensa em substituí-la por uma terapia mais dirigida, que lhe traga progressos mais "visíveis". Numa determinada sessão, na qual se mostra particularmente desanimado e inclinado a desistir, pergunto-lhe sobre essa visibilidade que para ele corresponde à compreensão clara e racional e ao conhecimento de que julga precisar para poder viver melhor. Ele evoca a lembrança de sua mãe, uma mulher cronicamente deprimida que, sem voltar-lhe os olhos, respondia sistematicamente com a frase "Prá que tudo isso?" a qualquer tentativa sua de mostrar ou contar algo que tivesse feito ou conseguido. Tomada ao pé da letra, a pergunta materna coloca-o, até o presente, em posição de sempre ter de se explicar – na vã expectativa de chegar a ser visto – e o leva a duvidar, é claro, de haver algum sentido naquilo que se torna visível sem ter sido explicado. Um olhar materno que nunca se deixa encantar e seduzir pelos feitos do filho, que nem mesmo se volta para acolhê-lo, coloca-o em dúvida permanente quanto ao que nele pode ser investido. O que sua mulher *viu* para casar-se com ele, o que os filhos *vêem* para admirá-lo, o que a empresa *vê* para colocá-lo numa chefia e mesmo o que eu *vejo* para interessar-me por sua análise são para ele fonte constante de incerteza. É assim que a *utilidade* passa a ter na sua vida um papel tão determinante. O que não é útil pode virar "sucata".

A análise prossegue, após esta passagem, com um novo alento e Wilson se instala com mais facilidade na situação a que o convido nas sessões, após tê-lo ouvido por algum tempo. "Vamos *ver* o que temos aí", ou "*olhe* o que você acabou de dizer" são expressões habituais que por vezes utilizo quando me dirijo aos pacientes e que para ele adquirem um sentido muito próprio, pois permitem-lhe ultrapassar a posição em que se fixara frente à pergunta materna. Uma discreta transferência amorosa modifica seu discurso que deixa de ser tão detalhista e monótono como era e torna-se interessante, permeado por observações bem humoradas e por modulações da voz que denotam suas flutuações afetivas. Por um longo período, a vida dos filhos, suas atividades, as diferenças entre um e outro surgem como tema das sessões e, ao escutá-lo, lembro-me com certa freqüência de personagens e cenas de alguns seriados que via na televisão quando menina e que retratavam a vida em família nas mais diversas, às vezes adversas, situações. A impulsividade e espontaneidade do filho mais novo, a acomodação e a passividade do mais velho, os conflitos entre os dois, suas reivindicações e realizações e o papel mediador de sua mulher compõem episódios que nos deixam entrever o movimento de suas próprias tendências pulsionais e os recursos que utiliza para lidar com elas. Em conseqüência, Wilson consegue enfrentar e resolver com menos sofrimento os impasses que surgem na empresa. Deixa de pensar em demissão mas começa a procurar um remanejamento para outra área em que, além de ser mais útil, possa sentir-se mais gratificado. Sua satisfação pessoal torna-se um valor tão importante quanto era a utilidade e ele se refere a uma "mudança de paradigma".

Ocorre uma mudança de consultório e da janela da minha nova sala vê-se uma bela paisagem. No horário de verão, as sessões, que eram no início da noite, passam a acontecer durante o pôr-do-sol e ele observa com prazer o espetáculo, além de chamar minha atenção para as mudanças de cor e de luminosidade dentro da própria sala. É um período em que está muito produtivo na empresa. Implementa uma série de idéias que vinha elaborando e que lhe pareciam óbvias e descobre que, ao contrário, são para os outros verdadeiros achados. Consegue, finalmente, ser transferido para uma área voltada para a preservação ambiental, na qual terá muito campo para desenvolver novas idéias. É uma mudança longamente negociada e ele tem de transitar pela política das várias áreas e indicar um substituto para o lugar que vai deixar. Apesar de sentir-se desconfortável com o retorno de antigas ansiedades, consegue ultrapassá-las e atingir sua meta. Lembramo-nos algumas vezes do antigo trator, há tempos substituído por um novo, bem mais fácil de manobrar.

Mais adiante, passo a ter aulas de mecânica durante as sessões, pois Wilson me conta em detalhes a reforma que está fazendo, ele mesmo, numa antiga caminhonete. É seu passatempo dos domingos. Pretende deixá-la nova e para isso tem de encontrar soluções inusitadas para peças que se desgastaram. Numa passagem particularmente viva, enquanto ele descreve uma dificuldade qualquer, ocorre-me a figura de McGyver, personagem de uma série de televisão em exibição na época. Trata-se de um ex-combatente do Vietnã, um soldado de múltiplas habilidades, do tipo que os americanos chamam de G.I. (*general issue*). Sugestivamente, o nome do seriado é "Profissão: Perigo". Sem muito refletir, pergunto-lhe se conhece o filme. Ele ri, confirma e, como quem confessa um segredo, conta-me que alguns colegas já o apelidaram assim na empresa. McGyver figura o conjunto das qualidades com que se identifica e ele não me falara a respeito na análise por receio de que eu o achasse infantil. Associando um pouco mais, atribui ao personagem a capacidade de fazer o que for necessário a partir do que estiver à mão, quer seja um pedaço de arame, uma tampinha de garrafa ou uma embalagem vazia. Eu lhe digo que este tipo de material é chamado também de "sucata" e é pedido às mães pelas escolas para servir às atividades lúdicas e artísticas das crianças. Wilson explora longamente as derivações da minha intervenção. Há uma dupla transformação na qual "sucata" designava inicialmente o que se tornava inútil – como ele se percebia quando chegou à análise – e passa a designar aquilo que pode ser, por sua vez, transformado, servindo de material para novas criações.

Está com quarenta e seis anos. Tinha quarenta e dois quando me procurou. Fala da passagem do tempo, do crescimento dos filhos e de seu desejo de continuar produtivo. Observa muitas situações comuns, ressaltando o que elas têm de potencialidades. Nas calçadas varridas, as folhas e flores caídas das árvores amontoam-se perto de seu portão e ele as aprecia atento ao colorido, à variedade, à beleza e pensando que ainda poderão servir como fertilizante. Comenta que, em outros tempos, ele as veria apenas como restos, resíduos a serem transformados em cinzas. Está muito próximo dos filhos e consegue mobilizá-los através de observações bem humoradas ou irônicas mais do que na época em que se desdobrava em explicações. Um computador recentemente adquirido torna-o parceiro do filho mais novo e muitas sessões são dedicadas ao relato das novidades que juntos vão aprendendo conforme se familiarizam com as possibilidades do *Windows*, as operações condensadas nos ícones, a multiplicidade das janelas. O computador figura, nessas sessões, a versão mais recente dele mesmo e da flexibilidade que não julgava ter no início da análise. Explorando os recursos gráficos, o menino desenha um peixe que, na tela, parece "nadar num aquário", como ele diz. É um "peixe dentro d'água", penso eu, lembrando-me de sua queixa inicial. Meses depois, Wilson relata um sonho curto que mais parece um quadro impressionista. Está em pé no alto de um telhado que parece ser o de sua casa; ao mesmo tempo, num desses efeitos especiais típicos do sonho, é o telhado do celeiro de uma fazenda. Do alto, observa o campo plantado que o rodeia. Lembro-me vagamente de uma tela de Van Gogh que apresenta um ensolarado campo de trigo. Em meio a associações em que se refere ao seu sítio, ele faz menção ao que plantou. Pergunto-lhe sobre a época da colheita e é por estas imagens poético-rurais que começamos a conversar sobre o término de sua análise.

A *posteriori*, o relato de uma análise adquire fluidez e encadeamento, regido pela direção de pensamento escolhida para organizá-lo. Os impasses, as repetições e os recuos são, possivelmente, atenuados por uma certa elaboração secundária que também opera no trabalho da escrita, como na análise e no sonho. Entre o labirinto em que se via indefeso e perdido, no início de nosso trabalho, e o campo cultivado em que se representa tanto tempo depois, Wilson fez, sem dúvida, um percurso bem mais complexo e trabalhoso do que pude descrever neste breve relato. Não foram poucos os momentos em que nos extraviamos, enredados nas explicações-sintoma com as quais ele buscava compulsivamente responder ao "prá que isso?" materno. No entanto, a situação analítica voltava a movimentar-se com a ocorrência de imagens que, flutuando entre as suas palavras e a minha escuta, conferiam à sua fala nas sessões a mesma condição de virtualidade da narrativa de um sonho. Desta maneira, "visões" de lugares em que estive, filmes e cenas que assisti e quadros que apreciei, recortadas e suspensas da minha memória pessoal, operavam como *restos mnêmicos emprestados*, cuja plasticidade conferia certa forma, certa materialidade transitória, ao que tinha sido, até então, inutilmente buscado pelo recurso equivocado das explicações-sintoma. O trator do sítio de uns amigos, as "sucatas" que meu filho ainda pequeno levava para a escola, os episódios de "Papai sabe tudo", o herói McGyver e o trigal de Van Gogh forneceram, assim, algumas das formas passageiras e contingentes a que minha escuta recorreu para, em ressonância com a fala de Wilson, tecer minha própria fala, incluindo-a nas operações invisíveis do trabalho da análise. A partir deste relato, também tomam forma algumas reflexões que se inscrevem na necessária continuidade do trabalho da teoria, enriquecidas pelo diálogo com autores que se dedicam a questões muito próximas, por vezes até as mesmas.

Crise e mudança: destinos do afeto

Wilson vivia uma crise que teve início com a inesperada introdução de uma série de mudanças em sua vida profissional. A "qualidade total" implementada na empresa em que trabalhava era a fonte de sua angústia, motivo de sua depressão e de vários sintomas que ameaçavam atingir seu corpo. O "desespero de causa" a que se referiu em nossas primeiras sessões expressava tanto a intensidade quanto, a meu ver, a própria natureza de seu sofrimento, pois o que assim se manifestava era a vivência de uma grave ameaça ao que, até então, havia sido o seu modo de ser e de estar na vida. Uma experiência de profundo desamparo acompanhava o colapso das representações que tinha de si mesmo e que, na vida profissional, sustentavam seu sentimento de identidade. A demanda da empresa confrontava-o com o desconhecido e o imprevisível, com a angústia de não saber se poderia se transformar, se dispunha dos recursos necessários ou se seria capaz de desenvolvê-los. Diante da possibilidade de não mais ser útil, de virar "sucata", era necessário deixar de ser quem sempre havia sido e tornar-se um outro. Os sintomas físicos que começava a apresentar indicavam as dificuldades que estava encontrando para elaborar a intensidade de suas vivências, assim como a depressão acompanhava o sentimento de perda narcísica por não preencher os requisitos necessários para sentir-se valorizado. As dificuldades com os filhos iam na mesma direção, além de dar a ver o esforço que despendia tentando "pôr ordem na casa", ou seja, tentando manter estável seu universo de representações.

É um modo de ser bastante restrito e enrijecido que se instala nas sessões, indicando que, naturalmente, Wilson procura preservar o que lhe é próprio, reformando por partes o que não funciona bem e buscando na análise uma situação adaptativa e apaziguadora na qual possa aprender como adequar-se às novas condições de sua vida. Este funcionamento linear começa a se transformar quando passamos a trabalhar com os sonhos, pois assim se introduzem operações que movimentam e rearranjam representações, e também se produzem novas figuras, processo que, como ele vai aos poucos descobrindo, não o encontra tão desprovido de recursos quanto se via inicialmente. Suas peripécias com o trator – ele mesmo – dão forma tanto às suas dificuldades quanto aos seus recursos, um tanto desajeitados, é verdade. Gradualmente, a análise se instala como espaço psíquico, como tópica, em cujo interior podem ocorrer os necessários remanejamentos e transformações de si mesmo e de suas relações com os objetos de sua vida. É neste espaço que, num momento crucial, toma forma a figura materna e com ela aprendemos a questão organizadora do modo de ser que Wilson procura preservar. Ao "pra que isso?" materno ele responde, por toda a vida, com seu empenho em se fazer reconhecer pela utilidade, pela linearidade, por seus métodos e explicações. A "qualidade total" proposta pela empresa atualiza e amplia a demanda materna, precipitando-o na angústia de não saber como continuar a atendê-la.

Refletindo a respeito da dor psíquica produzida pelo dano narcísico, Luís Carlos Menezes observa que "o ser humano está condenado a passar o tempo 'desfolhando a margarida', à espreita, em cada momento, dos sinais que possa entender como de amor, de desamor, de indiferença ou de ódio que lhe cheguem do outro: dor ou satisfação, o princípio do prazer terá de passar também por aí".[3] Menezes enfatiza o fato de que, a partir de 1910, Freud trabalha intensamente as questões relativas ao narcisismo e sua importância na própria constituição do aparelho psíquico. O que irá fazer parte ou o que ficará de fora deste aparelho, definindo sua extensão e seus limites, é dependente não só do prazer ou desprazer que provoca no próprio Eu em constituição, no registro da satisfação pulsional, mas também dos "sinais de amor ou de ódio que lhe chegam do outro, ou que ele possa entender como tal"[4]. Neste sentido, o traumático pode ser entendido não somente como o que excede ou rompe os limites do aparelho, mas também como o que fica faltando, o que deixa lacunas, neste trabalho de se constituir. A atividade auto teorizante da criança depende, em suma, do suporte que lhe for dado pela atividade psíquica da mãe, por seu investimento amoroso em relação à vida psíquica do filho. É a carência deste investimento que se põe em cena quando Wilson, diante da mãe/empresa, já não sabe quem ser, o que oferecer, para não ser descartado, não virar "sucata". A mãe deprimida da sua infância não acolhe nem sustenta com sinais de amor as produções que o menino lhe apresenta. Desconcertado, ele vive a demanda da empresa no mesmo registro de esvaziamento e desinvestimento de tudo o que, até então, vinha se empenhando em oferecer.

---

3. Menezes, L.C.: "Além do princípio do prazer: a técnica em questão", in Alonso, S. e Leal, A.M.S.(org.): *Freud, um ciclo de leituras, op. cit.*, p. 268.

4. Idem, p. 268 e 269.

Na tópica das sessões, que gradualmente se instala quando começamos o trabalho com os sonhos, a figura da mãe deprimida pode ser reconhecida e o par que Wilson faz com ela começa, aos poucos, a se movimentar. As situações da vida familiar, as que surgem na empresa e, em particular, na análise, passam a poder ser vividas não somente no registro repetitivo do desinvestimento, cujas marcas insistentes Wilson continua a carregar – coisas antigas de que não consegue se desfazer – mas também, gradualmente, como novos acontecimentos que podem incidir sobre estas marcas e produzir novas figurações, dando continuidade à tarefa permanente de constituição do aparelho psíquico. A figurabilidade opera na análise tanto no sentido de dar forma, expressar os arranjos em vigor na realidade psíquica, permitindo assim seu reconhecimento e movimentação, quanto como recurso de apresentação de novas vivências, seu ingresso nos processos psíquicos e seu encadeamento na produção de novos sentidos. A análise acolhe e também investe a vida psíquica do analisando e a natureza afetiva deste investimento está presente no interesse por suas comunicações na sessão, seus sonhos, seus relatos do cotidiano e suas reflexões. As figuras que surgem na escuta do analista a partir destas produções são os efeitos deste acolhimento e deste investimento, matéria-prima de suas elaborações, de sua fala, da sua parte, enfim, na continuidade do trabalho da análise. Tirando partido de uma condição agora propícia, a vida psíquica de Wilson começa a animar-se e expandir-se. Gradualmente, não sem percalços, ele vai se apropriando do seu lugar na família, dos seus afetos, de seus interesses e alternativas profissionais e mesmo do espaço das sessões. Sua sensibilidade, por muito tempo contida, encontra espaço para se manifestar e ele parece abrir os olhos – as janelas – para finalmente ver as paisagens e entrar no mundo, podendo enfim implicar-se no trabalho de retomar e dar prosseguimento à sua história.

Em trabalhos recentes, Joel Birman[5] sugere a possibilidade de enunciação de uma dimensão estética da experiência psicanalítica, relacionando-a à problemática do afeto e aos paradoxos da

---

5. Birman, J.: "Eu não sou nada, mas posso vir a ser. Sobre a luminosidade e a afetação, entre a pintura e a psicanálise", *Cadernos de Subjetividade*, op. cit., p. 112-135.

economia pulsional na metapsicologia freudiana. Suas elaborações referem-se às vivências de *afetação*, momentos de ruptura e desconstrução dos sistemas de crenças que sustentam a subjetividade, exposta assim à possibilidade de novas formulações. Nas angústias que trouxeram Wilson ao meu consultório, bem como nas vivências que atravessou e que, a meu modo, acompanhei como sua analista, encontram-se, a meu ver, muitas correspondências com estas formulações. Como Birman enfatiza, "a mobilidade psíquica implica a experiência da angústia (...) não basta ao sujeito a experiência da dúvida, se inquietar *apenas* pelo caminho do entendimento, se colocando face a um impasse intelectual (...) Ao contrário, é preciso desfalecer enquanto sujeito da representação, mesmo que seja momentaneamente (...) o desfalecimento do sujeito da certeza é a condição de possibilidade para que algo *a mais* se produza, tendo como fundo o *a menos* da elaboração racional"[6]. Tal parecia ser o "desespero de causa" – o desfalecimento – em que Wilson se encontrava quando chegou à análise.

Ao procurar entender o que lhe acontecia, pedindo-me explicações e instruções, Wilson procurava manter a estabilidade das representações que constituíra de si mesmo, ameaçadas pelas novas condições de sua vida. Ao mesmo tempo, contudo, fazia das sessões o cenário da repetição que poderia ser ali cristalizada ou, ao contrário, colocar-se também como oportunidade de ruptura e movimentação de suas certezas. São justamente os impasses apresentados pela insistência da repetição que, lembra Birman, levam a elaboração metapsicológica a voltar-se para as particularidades da economia pulsional e de suas manifestações quando estas não se mantêm nos limites em que, regida pelo princípio do prazer, a pulsão se articula aos registros tópico e dinâmico e ao campo da representação. A repetição na transferência questiona a concepção do psiquismo centrado na memória e na representação e, em conseqüência, o princípio básico de que o método analítico opera pela rememoração. Enquanto memória em ato, a insistência da repetição dá motivo a um conjunto de transformações que, entre 1914 e 1920[7], irão ampliar o alcance das elaborações metapsicológicas de Freud, até a for-

---

6. Idem, p.124.

7. Período em que Freud escreve "Recordar, repetir e elaborar" (1914), os artigos metapsicológicos de 1915 e, por fim, em 1920, *Além do princípio do prazer*.

mulação da pulsão de morte como modalidade de pulsão sem representação. No movimento destas transformações, torna-se necessário reconhecer a autonomia relativa da força pulsional, que pode ou não fazer-se representar. O que assim se modifica são as concepções em vigor na metapsicologia inaugural de Freud, construída no capítulo VII da *Interpretação dos Sonhos*, pela qual a dimensão econômica das pulsões se articula inevitavelmente aos registros tópico e dinâmico. É por seu empenho em inscrever a psicanálise no paradigma da ciência de seu tempo que Freud submete a força pulsional à hegemonia da representação, de modo a tornar cognoscível, no interior da tópica – incluído no circuito do princípio do prazer – o incognoscível presente na pulsão[8]. A prática psicanalítica centrada nestas concepções consiste, de início, em interpretar e retificar as "falsas conexões" em que se materializam as "transferências" e em vencer as resistências que impedem o analisando de ter acesso às representações recalcadas em seu inconsciente.

Este substrato teórico revela-se insuficiente para apreender a insistência da repetição, sua manifestação na clínica e os obstáculos que ela coloca ao desenrolar da análise. Ao abordar a repetição não mais como pura resistência à recordação mas como uma manifestação em ato, experiência de atualização, a metapsicologia freudiana reposiciona também a própria noção de transferência que passa a ocupar, como Birman assinala, um "lugar estratégico na experiência psicanalítica, tornando-se um indicador crucial do que se processa no psiquismo do sujeito, apesar das representações deste do que se opera na sua interioridade".[9] Uma primeira concepção restrita da transferência, como falsa ligação no plano das representações, dá lugar a uma concepção generalizada, por meio da qual a prática psicanalítica pode passar a orientar-se pelo manejo da repetição. À interpretação *da* transferência sobrepõe-se, assim, a interpretação *na* transferência, ao mesmo tempo em que o eixo da reflexão metapsicológica desloca-se da representação para a pulsão.

---

8. Birman, J.: "Estranhas passagens entre estesia e alteridade. Sobre a problemática do sujeito no discurso freudiano", *Cadernos de Subjetividade*, S. Paulo, vol. 3, no.2, set./fev.1995. p. 228 e 229.
9. Idem, p. 232.

Na metapsicologia inaugurada no capítulo VII, a pulsão se inclui na dinâmica psíquica por meio de seu representante-representação e de seu representante afetivo. É justamente a disjunção entre estes dois modos de representação que sustenta esta dinâmica. Enquanto o primeiro se inscreve claramente no registro da qualidade, o segundo, o afeto, é referido tanto à qualidade, como sentimento experimentado pela consciência, quanto à quantidade, como *quantum* de afeto, condição em que é remetido à intensidade da pulsão. Ao contrário do que ocorre com o representante-representação, em nenhum destes registros – qualidade ou quantidade, sentimento ou intensidade – o afeto pode ser inconsciente. As ampliações metapsicológicas que se verificam entre 1914 e 1920 não chegam a elucidar a contradição presente no duplo registro do afeto, mas os eixos principais que permitem articular uma solução podem ser identificados nos textos que Freud escreve neste período, em particular, assinala Birman, no ensaio de 1915 "As pulsões e seus destinos".

Ao definir a pulsão como "uma magnitude da exigência de trabalho imposta ao psíquico como conseqüência de sua conexão com o somático"[10], Freud caracteriza esta exigência como uma força constante diante da qual a fuga é ineficaz, o que leva o aparelho psíquico a progredir e a desenvolver diversas capacidades, a fim de modificar o mundo exterior para obter a satisfação que atende à pressão interna dos estímulos e também para conduzir a própria exigência pulsional por destinos alternativos à descarga que originalmente é sua modalidade de satisfação. A força constante da pulsão produz marcas e impressões psíquicas que serão o ponto de partida, a matéria-prima destes desenvolvimentos, *apresentações* ou figuras cuja insistência poderá dar origem a representações e estas, por sua vez, irão compor e movimentar o complexo dinamismo detalhado por Freud em outros textos da metapsicologia, particularmente "O recalque" e "O inconsciente". Birman não deixa de enfatizar que a alteridade tem, neste processo, uma função crucial, pois é pela mediação de um outro que a tendência inicial à descarga é contida e infletida, redirecionada para o corpo pulsional.[11] A menção às pos-

---
10. Freud, S.: "As pulsões e seus destinos", in *Obras Completas, op. cit.*, vol. II, p. 2041.

sibilidades oferecidas pelo outro, essenciais para a constituição do sujeito, converge aqui com as observações de Menezes, a que me referi anteriormente, sobre a importância do investimento materno na atividade psíquica do filho. É mediada por este outro materno que a força pulsional faz suas primeiras marcas, inaugura o psiquismo, dando início à diferenciação originária entre o dentro e o fora, primeiro momento de construção do Eu.

Esta primeira organização, fruto da experiência de não poder fugir aos estímulos internos que assim se diferenciam dos externos, é designada por Freud como *eu real originário*[12] e é logo recoberta pela entrada em vigor do princípio do prazer/desprazer e posteriormente do princípio de realidade, que promovem as correspondentes modalidades de organização do eu já formuladas, em 1911, em "Os dois princípios do funcionamento mental". A exigência constante da força pulsional faz com que estas três modalidades de constituição da subjetividade estejam constantemente se produzindo, sendo a primeira anterior ao estabelecimento de qualquer princípio regulador e regida apenas pela diferenciação originária entre o dentro e o fora. O registro do *eu real originário* é marcado pela descontinuidade dos instantes em que a força pulsional faz suas *aparições*, em contraste com a temporalidade contínua que caracteriza as vivências do *eu prazer/desprazer* e a historicidade que organiza o *eu realidade definitivo*. Na leitura de Birman[13], o eu real originário corresponde às primeiras formas ou figuras pelas quais a dimensão quantitativa da pulsão, sua intensidade, se faz presente e inaugura o corpo pulsional. A transitoriedade, a fugacidade e a descontinuidade deste registro originário do eu permeado pela força constante podem operar como contraponto, como potência, face à substancialidade e à permanência das outras organizações. "Neste registro, o eu é puro *acontecimento* e *afetação*, matéria prima para a constituição do inconsciente e da história. Podemos dizer que nos encontramos aqui com a versão

---

11. Birman, J.: "Estranhas passagens entre estesia e alteridade...", *Cadernos de Subjetividade, op. cit.*, p.234.

12. Freud, S.: "As pulsões e seus destinos", in *Obras Completas, op. cit.*, vol. II, p. 2049.

13. Birman, J.: "Estranhas passagens entre estesia e alteridade...", *Cadernos de Subjetividade, op.cit.*, p. 236 e 237.

freudiana da impressão. Porém, em oposição à tradição filosófica do empirismo, a impressão psicanalítica não resulta do impacto dos objetos num ser marcado pela passividade. Pelo contrário, no discurso freudiano a afetação implica a força e a atividade da pulsão, que como atividade recorta a materialidade das coisas, de forma a produzir, então, marcas resplandescentes e polarizadas, que se desvanescem em seguida para reaparecerem depois, numa seqüência interminável."[14]

É no registro do eu real originário que, sugere Birman, podem ser articuladas as dimensões da qualidade e da quantidade, do afeto como sentimento e como *quantum*, sempre como experiências da consciência. Contudo, é essencial considerar que a consciência a que se podem referir as vivências no registro de eu real originário não é a que corresponde à articulação entre a representação-palavra e a representação-coisa, a consciência proposicional que resulta do processo pelo qual conteúdos inconscientes chegam a tornar-se conscientes. A modalidade de consciência que permite articular as dimensões contraditórias do afeto e as vivências do eu real originário é a *consciência-percepção* a que Freud se refere na *Interpretação dos sonhos*, a extremidade sensível do aparelho psíquico[15], que recebe as excitações momentâneas e as repassa aos sistemas em que estas se tornarão traços duradouros, a partir dos quais se ordenam o inconsciente e o pré-consciente. A consciência-percepção, tal como é descrita no capítulo VII, é a condição de possibilidade da própria construção do aparelho e suas características de instantaneidade, descontinuidade e evanescência correspondem às do registro do eu real originário, descrito mais tarde em "As pulsões e seus destinos". Contudo, no contexto da metapsicologia desenvolvida no capítulo VII, a consciência-percepção não é objeto do mesmo detalhamento teórico que se observa em relação às demais noções que constituem a tópica, o inconsciente, o pré-consciente e a consciência. No momento inicial de sua construção metapsicológica, Freud privilegia os sistemas capazes de conter e movimentar representações já constituídas, deixando à margem da tópica e da dinâmica psíquica as

---

14. Idem p. 237.
15. Freud, S.: *A interpretação dos sonhos*, in *Obras Completas, op.cit.*, vol. I, p. 673.

marcas instáveis das primeiras incidências da pulsão nas fronteiras do aparelho. Como Birman observa, fica assim colocada entre parênteses a experiência da afetação na qual qualidade e *quantum* do afeto se apresentam a um só tempo. Posteriormente, quando os impasses da clínica levam a reflexão teórica a deslocar-se para a vertente da pulsão, nos textos de 1915, a formulação do eu real originário surge como possibilidade de articulação destas duas dimensões do afeto, pelo retorno às passagens e organizações iniciais, precursoras necessárias da organização do inconsciente como um sistema de inscrições psíquicas.[16]

No registro do eu real originário, no limiar do espaço psíquico, a intensidade pulsional se expressa recorrendo a recortes da materialidade das coisas do mundo e presentificando-os fugazmente na consciência. A força recorta *formas* com as quais se apresentar, ainda que de modo evanescente, e será a insistência destas formas, mediada pela alteridade, que poderá constituir posteriormente as inscrições inconscientes. Nesta experiência de afetação que caracteriza as vivências do eu real originário, Birman identifica uma vertente estética da reflexão freudiana, um registro estético da organização primária da subjetividade. "Uma janela se abre para o possível, para a existência de outros mundos possíveis"[17], diz ele, referindo-se à afetação como uma experiência de situação-limite, uma perfuração do tecido de representações de si mesmo e do mundo, abertura da subjetividade para a alteridade, a diferenciação e a singularidade. Esta vivência assemelha-se, no campo da arte, a alguns momentos cruciais em que uma mudança radical da experiência sensível pode transformar e singularizar a obra de um artista. Birman refere-se particularmente a Delacroix e ao impacto causado por sua viagem ao Marrocos sobre a luminosidade da sua pintura, revelado pelo pintor tanto em seus quadros posteriores a este período como por meio de comentários que permitem entrever a descoberta de novas maneiras de perceber o mundo até mesmo na materialidade das coisas mais triviais[18]. Reconhecendo, é claro, a singularidade da

---

16. Birman, J.: "Estranhas passagens entre estesia e alteridade...", *Cadernos de subjetividade, op. cit.*, p. 239.

17. Birman, J.: "Eu não sou nada, mas posso vir a ser...", *Cadernos de subjetividade, op. cit.*, p. 132.

18. Idem, p. 112-115.

experiência do artista e a da experiência analítica, em ambas a afetação incide sobre o sistema de crenças e representações instituídas, promovendo sua desconstrução e possibilitando o surgimento de novas modalidades de organização – da subjetividade assim como de uma obra artística – a partir dos fragmentos da organização anterior e mesmo da introdução de novos elementos.

Uma experiência semelhante à de Delacroix é vivida por Paul Klee em sua viagem à Tunísia, em 1914. O impacto do cenário leva-o a pensar nas cores como equivalentes do espaço, do movimento e do tempo, a serem colocados nos quadros exatamente como objetos. A fusão destes elementos na pintura de Klee corrobora a lição de Cézanne sobre a necessidade de simplificação das formas e o abandono de qualquer ilusão da arte quanto a poder representar na superfície bidimensional da tela a profundidade de espaço das dimensões da realidade. Assim, a arte é liberada da exigência de representar por semelhança a realidade e pode dispor dos elementos da sensorialidade, entre eles a visão, como *ingredientes de criação*. "É este o sentido do feliz instante", diz Klee, "a cor e eu somos um só. Sou pintor."[19]

Os comentários de Delacroix, evocados por Birman, assim como as palavras de Klee, que encontrei casualmente em outras leituras, dão testemunho do impacto de novas vivências de natureza sensorial sobre a produção destes dois artistas. Na reflexão psicanalítica, por sua vez, a articulação do eu real originário ao registro da consciência-percepção também indica a sensorialidade, em particular a experiência visual, como um meio privilegiado de produção constante de novas formas de subjetividade e de reinvenção do mundo. Não é por acaso, lembra Birman mais uma vez, que para Freud as representações-coisa se inscrevem no inconsciente na forma de restos de percepções predominantemente visuais, assim como tampouco é casual que a psicanálise tenha nascido como um saber sobre o sonho, uma obra produzida "com os resíduos de marcas visuais provenientes da experiência do eu real originário".[20]

---

19. Chalumeau, J.-L.: *Klee*. Paris. Cercle d'art, 1995, p. 7.
20. Birman, J.: "Eu não sou nada, mas posso vir a ser...", *Cadernos de subjetividade, op.cit.*, p. 131.

À luz destas reflexões, o percurso de Wilson em sua análise pode ser reconhecido como uma sucessão de momentos de ruptura, de vivências de afetação que, a cada vez, apesar da angústia, colocam-no diante da possibilidade de reinventar sua história e passar a construir seu vir a ser. Na tópica das sessões, suas vivências cotidianas na empresa e na família, as mazelas com o trator e a lembrança das frustradas tentativas infantis de atrair o olhar materno dão a ver os arranjos que ordenam sua subjetividade e seus horizontes mas, por outro lado, podem também recombinar-se produzindo novas organizações. A cada momento de ruptura podem ainda acrescentar-se novas inscrições, efeito da exigência de trabalho que a afetação impõe à percepção-consciência pelo impacto constante da intensidade pulsional. É neste retorno da experiência ao registro do eu real originário que se inserem as vivências na transferência em seu caráter de repetição que deve tornar-se diferencial. Novas realidades podem então ser criadas, assim como novas são as paisagens que Wilson passa a ver e usufruir pela janela da análise.

Em atenção flutuante, a escuta do analista pode acolher e reconhecer as organizações presentes na transferência e, por outro lado, pode e deve promover suas rupturas e recombinações. Neste sentido, a escuta implica na disponibilidade do próprio analista às vivências de afetação que lhe são suscitadas pela fala do analisando, de modo a poder encontrar, em si mesmo, elementos sensíveis que alimentem suas intervenções na análise. É, então, uma *escuta afetada*, constantemente aberta à surpresa que pode advir tanto do interior da fala, do que se inscreveu e se ocultou entre as linhas, como do que, em suas margens, insiste em se apresentar, em tomar uma forma perceptível – *Darstellung* – pela primeira vez. Nesta condição de escuta afetada emergem as imagens a que me referi no relato da análise de Wilson. A figura da "sucata", em particular, é reciclada, reinventada, com resíduos de lembranças afetivamente investidas da minha própria experiência materna, em clara ressonância com o lugar que me é designado pela transferência.

Articulando a noção do eu real originário ao registro da consciência-percepção, as elaborações de Birman dão relevo ao encontro da força pulsional com as bordas do aparelho e assim permitem sustentar e atualizar o paradigma do sonho e o modelo óptico ante as exigências da clínica no além do princípio do prazer. Numa direção convergente, Menezes assinala que a importância de *Além do princípio do prazer* não invalida a clínica construída a partir da interpretação dos sonhos e da primeira tópica. "Se o desejo que se diz dissimulado no sonho, ou na fala-sintoma transferencial encontra-se mudo, (...) isso não quer dizer que *a possibilidade de desejar e de sonhar não seja o único terreno em que o sujeito humano encontra as condições para a vida psíquica, e para dar um sentido para sua vida, isto é, para si...*".[21] A escuta figural do analista é um recurso que, alimentando e renovando sua linguagem, pode abrir ao analisando a passagem para esta condição.

Nos parágrafos iniciais de um texto precioso[22], Pierre Fédida sugere: "Dir-se-ia, então, que o que chamamos *imagem* é, *por um instante*, o efeito produzido pela linguagem em seu brusco ensurdecimento... a imagem é uma *parada sobre a linguagem*, o instante de abismo da palavra." A imagem acontece na borda da linguagem e, passando do visível ao virtual, ingressa no espaço psíquico, espaço do olhar interiorizado e da figura, no qual Freud inaugura a psicanálise, constrói sua teoria e no qual também se instala a situação psicanalítica.

---

21. Menezes, L. C.: "Além do princípio do prazer: a técnica em questão, in Alonso, S. e Leal A. M. S. (org.): *Freud: um ciclo de leituras, op.cit.*, p. 266."

22. Fédida, P.: "O sopro indistinto da imagem", in *O sítio do estrangeiro*, São Paulo, Escuta, 1996, p.176.

Estudo III

Da fenda da retina à janela da alma

"*Todo estado de alma é uma paisagem. Isto é, todo estado de alma é não só representável por uma paisagem, mas é verdadeiramente uma paisagem. Há em nós um espaço interior onde a matéria da nossa vida física se agita*".
Fernando Pessoa

"Diga, então, tudo o que lhe vier ao pensamento. Comporte-se como um viajante que, instalado junto à janela do vagão, descreve a seus companheiros como a paisagem vai mudando ante seus olhos".[1]

Ao acolher um paciente no início do tratamento, é com estas palavras que Freud o introduz no procedimento psicanalítico. A associação livre, preceito fundamental a ser seguido pelo recém chegado, é formulada como um convite à visualidade, consistindo em relatar, sem restrições ou constrangimentos, as paisagens, cenas e imagens que surgem em seu pensamento. Tanto quanto as palavras, as imagens são bem recebidas na análise e é Freud quem dá a partida ao evocar a cena do passageiro na janela do trem, lugar tantas vezes ocupado com prazer por ele mesmo em sua extensa experiência ferroviária. Viajante entusiasmado, convida o paciente a imaginar-se nesta condição e se imagina, por sua vez, no lugar do acompanhante que passa a ouvir atentamente.... ou quase.

A escuta, que no caso da conversa comum destina-se a compreender o relato e guardá-lo na memória, deve, na situação analítica, tornar-se flutuante, seguindo o mesmo princípio do discurso que lhe cabe acolher. Freud aconselha os médicos que iniciam sua prática na psicanálise[2] a "evitar toda a influência consciente sobre

---

1. Freud, S.: "O início do tratamento", in *Obras Completas, op. cit.*, 1981, vol. II, p.1669.

2. Freud, S.: "Conselhos ao médico no tratamento psicanalítico", in *Obras Completas, op.cit.*, vol. II, p.1655 (grifo meu) e 1657

sua faculdade retentiva e abandonar-se por completo *à sua memória inconsciente*". Apenas dispondo-se desta maneira, "abstendo-se de toda objeção lógica e afetiva", o analista poderá utilizar para a interpretação "tudo o que o paciente lhe oferece, sem substituir com a sua censura a seleção a que o paciente mesmo renunciou". A técnica dispensa qualquer recurso auxiliar, registro ou anotação, cabendo ao analista "dirigir ao inconsciente emissor do sujeito o seu próprio inconsciente, como órgão receptor". Recorrendo novamente a uma imagem, a da transmissão telefônica, Freud continua: "Como o receptor transforma de novo em ondas sonoras as oscilações elétricas provocadas pelas ondas sonoras emitidas, assim também o psiquismo inconsciente do analista está capacitado para reconstruir, com os produtos do inconsciente que lhe são comunicados, este inconsciente mesmo que determinou as ocorrências do paciente". Não se trata, assim, na escuta do analista, de ouvir para reter, para guardar na memória as particularidades do relato de cada analisando, mas de ouvir *com sua própria memória*, dispondo dos seus restos mnêmicos como elementos que participam de sua atividade de elaboração e do trabalho da análise.

As palavras do paciente descrevem imagens e cenas que, evidentemente, o analista só pode entrever por meio de sua própria atividade imaginativa. Recebida pela memória inconsciente do analista esta fala lhe suscita a evocação de suas próprias paisagens internas. O destino destas últimas, no entanto, não será uma comunicação imediata e irrestrita, simétrica à associação livre. Do lado do analista, a atenção flutua por entre as imagens enquanto as palavras aguardam. Prosseguindo em seus conselhos, Freud recomenda que, para servir-se de seu inconsciente como de um instrumento, o analista passe pessoalmente pela experiência de uma análise que lhe permita conhecer profundamente, e primeiro a partir de si mesmo, os diversos modos de funcionamento psíquico, para que sua receptividade não seja perturbada por suas próprias questões não resolvidas, não por acaso denominadas por Stekel como "pontos cegos". É assim formulado, como assinala Fédida[3], um ideal técnico no qual a neutralidade da escuta é regulada pela análise pessoal do analista.

---

3. Fédida, P.: "A ressonância atonal...," in *Nome, figura e memória...*, op. cit., p.206.

Este ideal de uma recepção purificada é freqüentemente criticado, não apenas por assimilar à escuta um distanciamento afetivo ao qual nenhum analista conseguiria se amoldar, mas também porque tal neutralidade, caso se instalasse, implicaria numa instrumentalização da escuta por denegação da própria presença do analista na sessão.[4] Contudo, embora insatisfatório, este modelo do receptor neutro tem seu valor por considerar que a instauração da situação analítica requer disposições específicas de acolhimento da linguagem. A análise do analista é parte essencial destas condições e inclui o exame e a interpretação de seus próprios sonhos, dando margem a que se identifique, nas ponderações de Freud, não apenas a problemática concepção de neutralidade mas também a indicação de que o próprio sonho, em seu modo de funcionamento, serve de referência à singularidade desta escuta receptiva do analista em trabalho.

O par formado pela fala do paciente em associação livre e pela escuta do analista em atenção flutuante sustenta a especificidade do método psicanalítico. No segundo capítulo da *Interpretação dos Sonhos*, ao apresentar seu método interpretativo, Freud esclarece que se trata de uma extensão ao sonho do procedimento que já vinha aplicando à análise dos sintomas. O método inclui uma disposição reclinada do corpo e uma exclusão da crítica, além de uma atitude de auto-observação. Nestas condições, surge "um estado que tem em comum com o do adormecimento anterior ao sono – e seguramente também com o hipnótico – uma certa analogia da distribuição da energia psíquica (da atenção móvel). No estado de adormecimento surgem as 'representações involuntárias', pelo relaxamento de uma certa ação voluntária – e seguramente também crítica – que deixamos agir sobre nossas representações, relaxamento que costumamos atribuir à fadiga. Estas representações involuntárias emergentes transformam-se em imagens visuais e acústicas".[5] As imagens visuais são, por sua vez, o modo predominante de expressão, "algo característico e peculiar do fenômeno onírico".[6] O procedimento indicado por Freud visa criar na sessão

---

4. Idem, p. 207.
5. Freud, S.: *A interpretação dos sonhos*, cap. II, em *Obras Completas, op.cit.*, vol. I, p.409.
6. Idem, cap. I, p. 378.

uma situação propícia ao surgimento de imagens, podendo ser considerado homólogo à construção de um dispositivo óptico. Em continuidade com o método, uma teoria do aparelho psíquico é construída no cap. VII da *Interpretação dos Sonhos*, também nos moldes de um dispositivo óptico, como uma tópica referida a lugares virtuais nos quais se formam as imagens. Assim, tanto o modelo teórico quanto o procedimento clínico são concebidos por Freud apoiados numa relação de estreita correspondência entre o sonho e a situação analítica que pode ser traçada a partir da presença, em ambos, das imagens visuais.

O procedimento adotado por Freud para acolher na clínica a fala do sintoma e a fala do sonho transformou-se na regra fundamental da psicanálise. Propor, então, ao analisando, que se instale no divã e associe livremente, corresponde a convidá-lo a uma situação em que sua fala será ouvida como evocadora de imagens, quer se refira a ele mesmo ou a terceiros, a fatos excepcionais ou do cotidiano, a reflexões abstratas, a narrativas e opiniões sobre assuntos diversos ou até, eventualmente, a um sonho. Incluída no dispositivo óptico, a atenção flutuante do analista também consiste num estado particular de distribuição de energia que favorece o surgimento de representações involuntárias, condição que lhe possibilita acolher estas imagens em sua potência de figurabilidade, como as imagens oníricas. A referência ao sonho possui um valor essencial de paradigma para se tratar da linguagem na psicanálise, como assinala Fédida: "Este paradigma – que sabemos sugere a Freud o modelo dos hieróglifos – é o de *uma escuta psicanalítica constantemente formadora de figuras*. As palavras provêm das imagens visuais, imagens que viram as coisas (ou a coisa) e se escutam como nomes, na medida em que a linguagem que as escuta em silêncio produz o desenho delas".[7] A aproximação à tópica do sonho confere à situação psicanalítica e à escuta do analista uma condição de virtualidade que acolhe, nas flutuações da linguagem, o surgimento das imagens visuais. A figurabilidade é a modalidade específica de presença das imagens em sua relação com a linguagem na análise.

---

7. Fédida, P.: "Teoria dos lugares II", in *Nome, figura e memória, op. cit.*, p.137. (grifo meu)

A teoria dos sonhos é, para Freud, a característica mais singular da psicanálise, ponto em que esta "fez a passagem de um procedimento terapêutico para uma psicologia das profundezas".[8] Renato Mezan, em "A Medusa e o telescópio, ou Vergasse 19", comenta que "a interpretação dos sonhos funciona como guia seguro, não tanto porque os sonhos sejam mais claros do que os sintomas, mas porque fornecem um paradigma para o trabalho clínico e para a investigação teórica".[9] Em suas palavras, a especificidade da psicanálise como exigência de dizer tudo o que vier ao pensamento é alcançada por meio de "uma exclusão progressiva do olhar, paralela à organização progressiva da categoria de 'espaço psíquico', ela própria concomitante à diminuição progressiva do papel do corpo físico na terapia analítica". A exclusão do olhar e a diminuição do papel do corpo referem-se, nesta afirmação, ao trajeto percorrido por Freud desde as apresentações de pacientes de Charcot na Salpêtrière, verdadeiros espetáculos visuais em que o mestre ensinava os discípulos a observar com atenção, passando pela terapia catártica compartilhada com Breuer, em que a hipnose era o recurso para descobrir as cenas traumáticas causadoras dos sintomas, até chegar à associação livre, método de interpretar sonhos e instrumento próprio da psicanálise. Mas então, pensa Mezan, o olhar, ao invés de excluído, vai "localizar-se em outras paragens" e esta mudança de lugar terá seu papel na invenção do dispositivo analítico.

A observação minuciosa – a mesma que Charcot recomendava a seus alunos – é o instrumento essencial da tradição científica e, graças à ampliação constante de seu alcance, como assinala Pontalis, "o campo sempre crescente do visível acaba por ser identificado com o conhecido e até com o existente".[10] O universo distante, bem como os espaços subatômicos, ganham existência com a evolução de telescópios e microscópios cada vez mais potentes. "Mas estes instrumentos", continua Pontalis, "reduzem a visão ao

---

8. Freud, S.: "Revisão da teoria dos sonhos", em *Obras Completas*, *op.cit.*, Vol. III, p.3102.
9. Mezan, R.: "A Medusa e o telescópio, ou Vergasse 19" , in Novaes A . (org.) , *O olhar*, S.Paulo, Companhia das Letras, 1988, p.447-448 .
10. Pontalis, J.-B.: "Perder de vista", em *Perder de vista, da fantasia de recuperação do objeto perdido*, *op.cit.*, p. 206 e 207.

escópico", limite do órgão diante do objeto. As reflexões de Pontalis sugerem que *talvez o escópico não baste para esgotar o campo da pulsão visual*. O olho observa e expande o visível, mas a pulsão visual aspira à vidência. O olhar de Freud irá afastar-se gradualmente do campo visual do microscópio, instrumento de sua iniciação científica, e passará por muitas transformações até eleger o sonho como interlocutor privilegiado. Não por acaso, a descrição de um aparelho psíquico que é um aparelho de sonhar e é também construído à maneira de um aparelho óptico propicia um campo de observação em que o visual e o figural se cruzam de modo a realizar o anseio expresso na carta que, tempos depois, em 10 de dezembro de 1930, Freud dirige a Arnold Zweig: "Pela fenda da retina poder-se-ia ver profundamente o inconsciente".[11]

Da anatomia à *outra* cena

Ver mais e melhor foi, desde o início de sua carreira, uma preocupação central de Freud. Em *Do sujeito à imagem*, abordando as condições de surgimento da psicanálise e de seu método, Hervé Huot relata episódios em que o jovem anatomista desenvolve novos procedimentos de observação microscópica do sistema nervoso central, chegando muito perto da descoberta da estrutura do neurônio, e aprimora uma nova técnica de exame das camadas anatômicas na qual deposita grandes esperanças. A novidade é comunicada à noiva, com entusiasmo: "Pedi-lhe (a Fleischl) em seguida, que experimentasse meu procedimento para examinar, por exemplo, a retina, essa pequena pele fina, sensível à luz, situada na parte posterior do olho e que é, em suma, uma pequena parte do cérebro ... O que importa é saber se meu procedimento vai permitir detectar também as finas fibras nervosas dos tecidos, da pele, das glândulas, etc."[12] Não é pouca coisa o

---
11. Citada por Lydia Flemm, em *O homem Freud. O romance do inconsciente*, op. cit., p. 39.
12. Carta a Martha Bernays, de 25 de outubro de 1883, citada em Huot, H.: *Do sujeito à imagem. Uma história do olho em Freud*, S. Paulo, Escuta, 1991, p. 31.

que Freud quer ver e é como um excelente anatomista do sistema nervoso, de "visão clara" e dotes de pesquisador e professor, que Brücke recomenda sua admissão à universidade. Assim, o jovem cientista confia inicialmente no acesso ao real através da percepção e dos instrumentos ópticos. Mas, "para que a psicanálise advenha, será preciso que o real visado por Freud se desloque, e que os meios de abordagem, a *focalização* deste real, sejam radicalmente modificados".[13] Huot examina em detalhes os movimentos desta mudança e será proveitoso acompanhá-lo passo a passo, tomando seu trabalho como um roteiro das sucessivas etapas que levarão o anatomista a transformar-se em psicanalista. Ao longo deste trajeto, é possível encontrar indicações do que virá a ser, mais adiante, a figurabilidade.

Encontrar-se com a histeria solicita de Freud o olhar de um clínico que assiste à cena histérica na condição de espectador, sem ter acesso direto a uma "outra cena" na qual se insere o próprio doente. O teatro interior da histeria permanece desconhecido para o clínico que só irá interferir por meio da hipnose para comandar uma "anestesia do olho", de modo a extinguir o sintoma pela supressão da cena que o engendra. Freud, porém, não se contenta com o lugar de espectador em segundo grau e passa a fazer uso da hipnose como instrumento de investigação daquilo que o doente vê. Hipnotiza para saber e o que ele encontra com este procedimento é a memória. "As imagens invisíveis com as quais o sujeito histérico está envolvido são, portanto, os produtos de imagens visíveis reais, do passado, que este sujeito pode relatar verbalmente... A fala do sujeito é a *segunda visão* que Freud adquire".[14] Ao ordenar que o paciente sob hipnose relate a cena em que se encontra, Freud desloca-se da condição de espectador para a de investigador e, a partir de então, a psicoterapia da histeria instala-se "entre a imagem e a enunciação".

A imagem é um produto no qual se transportam restos da lembrança recalcada. Não corresponde, portanto, a uma reprodução direta das cenas vistas ou vividas. Ligado à sexualidade, este retor-

---

13. Idem, p. 33.
14. Ibid., p.44, (grifo meu).

no dos restos sob a forma de imagens é a causa da neurose. A *neurotica* de Freud sustenta-se na concepção de um aparelho psíquico que recebe e dá enquadramento, numa multiplicidade de registros, a inscrições dos acontecimentos reais. É um aparelho de memória que registra traços do real. Na carta a Fliess conhecida como "carta 52" (06.12.96)[15], Freud descreve a inscrição dos acontecimentos no aparelho através de signos de percepção (Wz), por si mesmos inacessíveis à consciência e associados por simultaneidade. A transcrição ou tradução destes signos para outros registros, primeiro conceituais (Ub), também inconscientes e depois verbais (Vb), finalmente capazes de chegar à consciência, é o processo pelo qual parte da memória se torna acessível à lembrança. O processo de retranscrição pode, no entanto, encontrar dificuldades e deixar restos, traços não traduzidos, constituindo-se desta forma o recalcamento que é, portanto, uma forma de anacronismo. As cenas vividas pela histérica são, assim, portadoras de reminiscências. Cabe notar que as imagens, já neste modelo, operam como *recurso* das reminiscências, o que indica, desde esta primeira versão de uma tópica psíquica, um trabalho de natureza figural. O olhar de Freud dirige-se, então, para a procura destas primeiras inscrições em torno das quais organiza-se a neurose. A terapia catártica põe em jogo a memória e a fala do sujeito. Seguindo o postulado de que *o que não é real já o foi em algum ponto da vida*, Freud segue a trilha das reminiscências para, por meio da palavra, trazer para o alcance da visão a primeira cena e, completando a tradução impedida, propiciar a catarse que dissolve o sintoma. Como assinala Huot, trata-se ainda de tentar ampliar o campo da ciência, enquanto domínio do visível.

Pouco tempo é necessário para trazer à luz a insuficiência e os impasses destas concepções. As cartas a Fliess mostram como, gradualmente, Freud se dá conta de que, embora as imagens possam corresponder a elementos de lembranças reais, as associações entre elas não correspondem à realidade. As lembranças são falsificadas por meio de fragmentação, desprezo das relações cronológicas, deformações e recombinações das impressões visuais e auditivas, e "tor-

---

15. Freud, S. : *As origens da psicanálise*, in Obras Completas, op. cit., vol. III, p. 3551-52.

na-se impossível reencontrar a conexão original" (25.05.97).[16] É preciso admitir a noção de fantasia, inicialmente concebida como uma construção protetora que parece destinar-se ainda a encobrir lembranças reais e que se forma por "uma combinação inconsciente de coisas vividas e escutadas" (25.05.97).[17] Por meio da análise da fantasia, seria possível ter acesso à lembrança de uma cena real, de natureza sexual e traumática, até então encoberta. As dificuldades que derivam desta hipótese, entretanto, são tantas que Freud acaba por abandoná-la, passando a considerar a fantasia como uma produção do sujeito a partir de sua própria sexualidade. É preciso admitir, finalmente, que "é impossível distinguir a verdade da ficção investida de afeto" (21.09.97).[18] A falência da *neurotica* promove, por fim, a inflexão mais radical do olhar de Freud, correspondendo ao que, em outro estudo,[19] foi descrito como experiência de afetação, pela qual uma obra pode ser transformada e singularizada. Como na própria análise, em analogia com a experiência artística, também a produção da teoria passa por momentos de impacto, de abalo de suas certezas, e novos enunciados podem surgir do rearranjo dos fragmentos remanescentes da construção anterior.

A convicção de que falta ao inconsciente o índice de realidade libera o olhar da injunção de encontrar os fatos para articulá-los a seus efeitos. Se a fantasia recorre a múltiplas combinações que tratam como ingredientes as inscrições disponíveis na memória, resta dirigir o questionamento ao sujeito e à sua produção. A tarefa de elucidar a fantasia atrai o interesse de Freud para os determinantes da *forma* do sintoma e não mais para a procura de suas causas. Numa inversão fundamental de ponto de vista, a constituição do passado pelo sujeito toma o lugar da busca de um passado real escondido. Neste período, as cartas a Fliess referem-se a um sentimento de

---

16. Huot, H. : *Do sujeito à imagem*, op. cit, p.69, ou em Freud, S., *As origens da psicanálise*, in *Obras Completas, op.cit.*, vol. III, p.3571.
17. Ibid., p.69, ou em Freud, S., idem., in *Obras Completas, op. cit.*, vol. III, p. 3571.
18. Ibid., p.76, ou em Freud, S., ibid., in *Obras Completas, op.cit.*, vol. III, p.3579.
19. Ver o Estudo II, p. 57-59. Em diversos momentos, a reflexão freudiana passará por abalos e rearranjos. A descoberta da fantasia, entretanto, produz neste período inicial um efeito transformador que só será equiparado, mais adiante, ao que, provocado pelos impasses da repetição, resultará na formulação da pulsão de morte.

alívio e também denotam um despertar do olho para a plasticidade das coisas, para as impressões. A descoberta da plasticidade da memória é salientada no texto "As recordações encobridoras", de 1896, no qual a lembrança infantil já não é a causa do sintoma, mas, ao contrário, serve à manifestação encoberta da fantasia. O desejo inconsciente recorre à memória para encontrar cenas que, por ligações de conteúdo ou associações simbólicas, facilitam sua expressão. Freud menciona que a impressão sofre "remanejamentos" e que "o traço mnêmico é retraduzido sob forma plástica e visual".[20] Assim, a própria realidade da lembrança chega a ser posta em dúvida pois é impossível determinar qual a liberdade de rearranjo dos traços e de intensificação sensorial dos detalhes em função da pressão do desejo. A flexibilidade estende-se igualmente às palavras, como se evidencia no estudo de 1898 sobre o esquecimento do nome de Signorelli que, na memória do próprio Freud, é fragmentado em partes que "estabeleceram inúmeras e variadas relações com os nomes contidos no assunto recalcado, o que as tornou inutilizáveis para a reprodução".[21] Como os fragmentos das coisas vistas, também os fragmentos das coisas ouvidas, restos de palavras, habitam a memória como elementos disponíveis para as criações do inconsciente.

O episódio do esquecimento dá também a Freud a oportunidade de abordar, de passagem, a relação entre os registros sensoriais e os registros de palavras na memória. De início, como ele relata, enquanto o nome estava esquecido, os quadros e o retrato do pintor permaneciam intensamente vivos em sua imaginação. Após a recuperação do nome, com sua lembrança e enunciação, as imagens visuais se dissiparam gradualmente. Imagem e palavra são, assim, separadas mas articuladas, de modo que a lembrança que não for acessível em palavras pode surgir sob a forma de imagem visual. Trata-se de uma articulação presente desde o texto sobre as afasias (1891), no qual Freud esclarece que as associações sensoriais do objeto ligam-se à palavra que o designa por meio da conexão entre as associações visuais, de um lado, e a imagem sonora da palavra, do outro.[22] A ruptura desta ligação é o distúrbio

---

20. Ibid., p.86, ou em Freud, S., "As recordações encobridoras", in *Obras Completas, op.cit.*, vol. I, p.341.
21. Ibid., p.82, ou em Freud, S., *Psicopatologia da vida cotidiana*, in *Obras Completas, op.cit.*, vol. I, p.757.
22. Ibid., p.88 e 89.

que explica a afasia e estabelece-se de imediato a aproximação entre este desligamento funcional e a concepção posterior do mecanismo dos lapsos e esquecimentos. Mais tarde, no *Projeto de uma psicologia científica* (1895), Freud estuda as relações entre memória e percepção, concebendo um aparelho de memória caracterizado por uma complexa trama de trilhas associativas entre traços. Não se trata, portanto, como enfatiza Garcia-Roza,[23] de um aparelho de memória que preserve lembranças de acontecimentos. Um sistema perceptivo recebe continuamente as impressões sensoriais e esta atividade de percepção é incompatível com a conservação e o acúmulo das impressões recebidas. Sistemas diferenciados de memória constituem-se como estruturas de retardamento, contendo a tendência à descarga destas impressões e dando-lhes permanência sob a forma de traços mnêmicos. "O traço é a forma pela qual a impressão mantém seus efeitos", diz Garcia-Roza,[24] e as associações entre os traços ocorrem por diferenças na facilitação do escoamento da excitação entre os "neurônios" dos sistemas em que eles se inscrevem. Ainda no *Projeto*, Freud refere-se, por outro lado, à ativação de lembranças de satisfação (prazer) ou sofrimento (desprazer) como situações em que memória e percepção parecem juntar-se, podendo resultar em percepção alucinatória ou em verbalização.[25] Os dois textos "neurológicos" nos quais, de certa forma, Freud ainda estava ao microscópio, traçam ligações, conexões e caminhos que se facilitam ou se interrompem nas relações entre as imagens, entre as palavras e entre umas e outras. Anos depois, estas primeiras hipóteses podem ser reconhecidas sob a plasticidade, a flexibilidade, os remanejamentos e retraduções encontradas na produção do sintoma, da psicopatologia cotidiana, da lembrança encobridora e do sonho.

O aparelho psíquico que finalmente é construído no cap. VII é herdeiro direto das concepções sobre a memória e a percepção formuladas no trabalho sobre as afasias, no *Projeto* e na carta 52. Organiza-se como uma sucessão de sistemas mnêmicos que arma-

---

23. Garcia-Roza, L. A.: *Introdução à metapsicologia freudiana - 2*, Rio de Janeiro, Zahar, 1993, p. 29-33.
24. Idem, p.58.
25. Huot, H. : *Do sujeito à imagem, op. cit.*, p.91 a 93

zenam traços. A memória é, mais uma vez, constituída por modificações permanentes nos elementos dos sistemas e deve, portanto, ser precedida por um sistema perceptivo que recebe os estímulos e excitações mas que não pode conservá-los, sob pena de ficar obstruído e incapacitado para sua função específica. Somente os sistemas mnêmicos podem reter e transformar em marcas duradouras a excitação momentânea recebida pela percepção. Entre tais sistemas estabelecem-se múltiplas possibilidades associativas, segundo diferentes graus de resistência à propagação da excitação de um para outro. A percepção e a memória são atribuições de sistemas diferentes, podendo sobrepor-se apenas na produção dos fenômenos alucinatórios e das imagens oníricas.[26]

Ao introduzir a tópica do sonho, Freud menciona duas de suas características mais importantes. A primeira refere-se à temporalidade, ao fato de que o presente é o tempo em que o desejo é representado como realizado. A segunda diz respeito à transformação das idéias latentes em imagens visuais. "Esta característica é peculiar ao sonho e o diferencia dos devaneios diurnos...o conteúdo de representações não é pensado, mas transformado em imagens sensoriais a que damos fé e acreditamos viver... Esta transformação não é exclusiva do sonho, mas é, de qualquer maneira, sua característica mais notável." Presentificação e visualidade conferem ao sonho a natureza de uma cena vivida. Em seguida, Freud menciona Fechner e sua hipótese de que o sonho se desenrola numa cena completamente diversa da vida desperta e continua: "A idéia que aqui se oferece é a de um *lugar psíquico*. Vamos prescindir por completo da circunstância de qualquer conhecimento anatômico do aparelho de que aqui se trata e evitar toda a possível tentação de determinar neste sentido a localidade psíquica. Permaneceremos, então, em terreno psicológico e aceitaremos a possibilidade de representar o instrumento posto a serviço das funções anímicas como um microscópio composto, um aparelho fotográfico ou algo semelhante."[27] Emblemáticas para os psica-

---

26. Freud, S. : A *interpretação dos sonhos*, cap. VII, in Obras Completas, op. cit., vol. I, p. 673 e 676.

27. Idem, p. 97, ou in Freud, S., A *interpretação dos sonhos*, cap. VII, in Obras Completas, op. cit., vol. I, p.672. (grifo meu)

nalistas, as palavras de Freud explicitam sua ruptura com qualquer referencial anatômico e enfatizam tanto a plasticidade visual que caracteriza o sonho, a transformação dos pensamentos em imagens sensíveis, quanto o lugar em elas se formam, aproximando-o do espaço ideal que nos instrumentos ópticos não coincide com nenhum componente concreto, mas está *entre* estes elementos.

Ao partir da observação ao microscópio e alcançar a tópica do sonho, construída à maneira de um dispositivo óptico, o trajeto do olhar de Freud chega, por fim, como sugere Mezan, a "outras paragens". Um processo de *interiorização do olhar*, mudança progressiva de ponto de vista, acaba por ultrapassar o limiar da visibilidade e constituir no espaço do sonho, espaço que também se abre entre a fala do paciente e a escuta do analista, o *lugar* de uma *visualidade* própria da psicanálise. A *outra* cena sugerida por Fechner é de importância fundamental neste processo, pois apenas pela suposição de diferenças essenciais entre a vida de vigília e a vida onírica é possível conceber esta última em referência a um lugar psíquico regido por seus próprios usos e costumes. As estranhezas que aí se produzem não resultam simplesmente da desorganização mental durante o sono, mas são, ao contrário, efeitos de operações singulares em tudo diferentes do pensamento consciente e, ainda assim, capazes de revelar e produzir sentidos. Embora pareça de uma clareza auto-evidente, a noção de *cena* comporta, na reflexão de Freud, significados que merecem ser considerados com certa atenção pois contribuem para elucidar e sustentar a concepção de tal lugar como ponto de encontro da percepção, da memória e da linguagem. Imagens visuais e palavras desfrutam aí de um modo de presença específico e articulam-se por meio do trabalho da figurabilidade, criando as formas sensíveis que se apresentam no sonho e na análise.

Quando se apropria de um termo de uso corrente, a reflexão teórica nem sempre se ocupa de esclarecer as estratificações de sentidos que ele transporta e de que maneira elas estão presentes no uso que se faz no interior de um campo. A noção de cena, observa Patrick Lacoste, inscreve-se no pensamento de Freud com sentidos diversos que ficam encobertos e que participam de seu empenho em precisar, ao longo de sua obra, tanto suas noções sobre a percepção quanto sobre a linguagem. É uma cena com estatuto de conceito, a *cena originária*, que está na origem das fantasias, uma singularidade como fonte de pluralidade. A mesma cena é também a fonte da linguagem, uma vez que para esta última não se formula como ponto de partida *uma* palavra originária. "O originário da palavra supõe de saída o plural", diz Lacoste, acrescentando que "a palavra também transporta *nas suas sonoridades* o 'visual' da cena."[28] A noção de cena é acompanhada, desde a origem, por uma função de *enquadramento* que procura estabelecer analogias para dar suporte ao pensamento e suspender, ainda que transitoriamente, a polissemia do visual, como requisito insuficiente mas necessário, "por força dos limites impostos pela angústia de interpretação, fobia de pensar aquém da consciência, lá onde *ver* seria a um só tempo fonte da linguagem e do inconsciente."[29]

Os mesmos elementos de conteúdo da vida desperta estão presentes no sonho e, no entanto, uma impressão de estranheza o acompanha. Trata-se, para Freud, seguindo os passos de Fechner,[30] não da simples passagem de um limiar de intensidade da consciência, mas da travessia de uma fronteira, da migração da atividade da alma para um outro terreno, *um outro cenário, um outro dispositivo cênico* no qual os elementos de conteúdo comportam-se como imagens, transformando-se e recombinando-se de maneira bizarra. A demarcação da fronteira, a ênfase nas diferenças entre os dois territórios, é o que permite identificar e descrever, em contraste com o pensamento habitual, os comportamentos típicos deste outro cenário, as operações do processo primário em atividade no trabalho do sonho. A outra cena não é o produto deste trabalho, é antes *o lugar e a condição para que ele possa ocorrer*. O convite ao paciente para que se comporte como o viajante na janela do trem, chegando a outras paragens e descrevendo estranhas paisagens evoca, no contexto da análise, a passagem desta fronteira. A

---

28. Lacoste, P. : "Scène, l'autre mot". *Nouvelle Revue de Psychanalyse*, no 44, Paris, Gallimard, 1991, p. 253. (grifo meu)

29. Idem, p.256.

30. Freud, S. : *A interpretação dos sonhos*, cap. I, in *Obras Completas, op. cit.*, vol. I, p. 377. Em seu texto, Lacoste retoma estas passagens assinalando que Freud também utiliza, referindo-se à outra cena, o termo *Schauplatz*, que acentua a conotação de um outro lugar, terreno ou cenário.

situação analítica é também concebida como um outro cenário e nela, como no sonho, os elementos trazidos pela fala do paciente comportam-se como imagens.

Colocar em cena, dramatizar uma idéia, é o trabalho da figurabilidade. Lacoste também observa que pela presentificação, ao figurar as coisas como atuais, o trabalho do sonho promove um deslizamento em que, além de seu sentido tópico, acrescenta-se à noção de cena uma dimensão temporal, indicada pelo uso do termo *Situation*, que Freud adota em relação a esta dramatização: "Com estas imagens o sonho forma uma *situação*, mostra-nos algo como presente, dramatiza uma idéia"[31]. Para Lacoste, a diferença de natureza do processo representativo, seu caráter de estranheza, a delimitação de um conteúdo pelo recurso à colocação em cena e, em particular, a própria demarcação intrapsíquica da situação pelo recurso ao presente absoluto, ao atual, ganham relevo por esta concepção da cena como situação. Tratando como excitações sensíveis os elementos de que se apropria, o trabalho do sonho produz o sentimento de realidade, de experiência vivida, pelo qual "o lugar do sonho é percebido como um sítio externo, dentro." [32]

Para apreender a diferença de natureza deste sítio é preciso considerar as transformações pelas quais o material recortado da vida de vigília não conserva seu valor psíquico, seu sentido original, ao ser transposto para o sonho. *Dentro*, no interior do dispositivo cênico que é também situação, a atividade do sonho não reproduz, ela *produz*. A fantasia, imaginação do sonho, utiliza as imagens, os recursos plásticos, para mostrar de modo figurado aquilo que não tem como se expressar por meio da linguagem abstrata, pois esta não está disponível neste outro lugar.[33] Esta produção de imagens, segundo Lacoste, "transforma o instantâneo fragmentário em linguagem trans-figurada, ela re-compõe os objetos a partir de seus contornos, de sua silhueta...O *Schauplatz* do sonho é o lugar de 'descoberta' do aparelho psíquico, um espaço feito de tempo,

---

31. Idem, p.378.
32. Lacoste, P.: "Scène, l'autre mot", *Nouvelle Revue de Psychanalyse, op. cit.*,p.260.
33. Idem, p. 261, ou em Freud, S. : *A interpretação dos sonhos*, cap. I, in *Obras Completas, op. cit.*, vol. I, p.399.

cuja textura só será revelada pela exposição de seus mecanismos de formação, linguagem de imagens de-formando a linguagem para *apresentar* o pensamento em figuras..."[34]

Visual, virtual, figural

Transformar pensamentos em imagens, principalmente em imagens visuais, é a essência do processo que Freud denomina como "consideração pela figurabilidade" e que, no capítulo VI da *Interpretação dos Sonhos*, ele descreve como uma transposição de meio de expressão. Recorrendo a sucessivos deslocamentos, idéias abstratas são traduzidas a uma linguagem concreta e, numa segunda operação, transpostas à expressão plástico-visual. É um processo que traz vantagens para a censura e a condensação, pois a linguagem concreta costuma ser mais rica em conexões associativas do que a linguagem abstrata. Assim, na transformação do conteúdo latente em conteúdo manifesto do sonho, a consideração pela figurabilidade exerce uma seleção sobre as idéias latentes dando preferência àquelas que possibilitem mais facilmente a representação visual no conteúdo manifesto. Os efeitos obtidos são, de acordo com Freud, semelhantes aos que resultam da atividade poética.[35]

A natureza alucinatória das imagens do sonho é atribuída à direção seguida pela atividade psíquica ao percorrer os espaços da tópica que, como vimos, é concebida como uma seqüência de sistemas diferenciados por seus processos e funções, um aparelho de memória que armazena traços mnêmicos de natureza variada, conforme diferentes critérios de inscrição. No funcionamento de vigília a atividade psíquica percorre o aparelho em sua direção progressiva, rumo à extremidade motora, procurando atingir a consciência por uma série de transformações que incluem enlaces com as inscrições verbais que caracterizam o sistema pré-consciente. Durante o sono esta direção é inibida e a atividade psíquica toma o caminho regres-

---

34. Ibid., p. 262.
35. Freud, S. : *A interpretação dos sonhos*, cap. VI, in *Obras Completas, op cit.* ,vol. I, p.553

sivo, "propaga-se até a extremidade sensível e chega ao sistema das percepções". Freud caracteriza a regressão como "uma das mais importantes peculiaridades psicológicas do processo onírico", enfatizando que "durante a vigília ela nunca vai além das imagens mnêmicas", como na reflexão e na recordação intencional, efetuando nestas condições um retorno aos traços mnêmicos das impressões sensoriais que são a matéria prima do pensamento. No sonho, entretanto, "chega a reavivar as imagens de percepção, convertendo-as em alucinações".[36] Ao longo do percurso regressivo desaparecem os elementos que estabelecem as relações intelectuais entre as idéias latentes, indicando que estas relações não fazem parte dos sistemas iniciais de inscrições mnêmicas. Assim, "a regressão decompõe em seu material bruto o ajuste das idéias latentes".[37]

Esta decomposição, que Lacoste[38] compara ao efeito de um curto-circuito temporal, produz a transformação econômica que suspende os valores das representações no pensamento, reconduzindo-as à sua condição original de traços e tornando-as disponíveis para as recomposições bizarras do sonho. Para Freud, este material bruto mnêmico ou até perceptivo não faz parte do psíquico ou é, no máximo, seu primeiro grau de formação, tornando-se psíquico somente ao ser inserido na dinâmica que opera no interior do aparelho O mecanismo regressivo é, na leitura de Lacoste, "a mola do psíquico", seu modo de constituição, uma vez que é por seu intermédio que o material bruto pode ser transposto para a outra cena, para assim ingressar em suas operações e tomar novas formas. É a regressão que dá a qualificação propriamente psíquica tanto à matéria prima quanto ao próprio aparelho.

Estas considerações articulam-se, a meu ver, às que, no estudo anterior,[39] referem-se à incidência da pulsão no sistema percepção-consciência. Ao decompor o pensamento em sua matéria prima, a regressão não somente possibilita o rearranjo do material bruto em novas articulações e a expressão dos conteúdos inconsci-

---

36. Idem, p.676.
37. Ibid., p.676.
38. Lacoste, P.: "Scène l'autre mot", *Nouvelle Revue de Psychanalyse, op. cit.*, p. 263.
39. Ver o Estudo II, p. 57-58.

entes, conforme os mecanismos do processo primário que operam na "outra cena", como também vai além, à fronteira do psíquico, ao encontro da insistência pulsional, fornecendo-lhe suportes de materialidade, recortes do acervo mnêmico despojados de valor, para dar forma transitória à intensidade. A pulsão pode, facilitada pela regressão, apropriar-se de traços mnêmicos já inscritos e revalorizá-los, fazendo deles o veículo para seu ingresso e movimentação na dinâmica psíquica. Pode também inscrever marcas inéditas, recortadas do real, nos espaços entreabertos no tecido representacional pela desarticulação que ocorre no percurso regressivo. A regressão é, assim, solidária à afetação. Juntas, formam uma modalidade de par complementar no qual, quanto mais a regressão se aproxima do pólo perceptivo, maior o afrouxamento das articulações entre os traços e sua disponibilidade à infiltração, tanto pelos conteúdos inconscientes e pelo processo primário, quanto pela intensidade pulsional que procura uma forma sensível para se inscrever. Este funcionamento complementar é o que possibilita à figura transitar *entre a apresentação e a representação*.

Este modo de funcionamento que se caracteriza pela complementaridade de duas tendências na dinâmica psíquica é freqüente nas elaborações de Freud. Está presente, em particular, no mecanismo do recalcamento, como ele próprio observa numa nota acrescentada, em 1914, ao texto da *Interpretação dos Sonhos*. O recalcamento é aí explicado como efeito "da ação conjunta de dois fatores que atuam sobre ele. É *empurrado*, por um lado (a censura da consciência) e *puxado* pelo outro (pelo inconsciente), do mesmo modo como as pessoas são içadas até o topo da Grande Pirâmide".[40] A noção de *a posteriori* também acompanha, em certa medida, este modelo de complementaridade. A desconstrução efetuada pela regressão faz dos traços elementos de novas articulações que irão dar continuidade à constituição do psíquico e assim realiza, no plano da metapsicologia, entre as lentes da tópica, um trabalho homólogo ao que, na história do sujeito, é realizado pelo *a posteriori*, ou seja, um trabalho de construção figural. Um movimento retroativo/ regressivo opera na constituição da história,

---
40. Freud, S.: *A interpretação dos sonhos*, cap. VII, in *Obras Completas, op. cit.*, vol. I., p. 679.(grifo meu)

ressignificando acontecimentos por seu encadeamento em novas articulações[41] e isso requer, por certo, que conexões anteriores tenham sido dissolvidas. Pela regressão, os traços se incluem na criação psíquica, assim como, pelo *a posteriori*, os acontecimentos são incluídos na produção da história. A regressão é condição de historização do psíquico e a reflexão metapsicológica a seu respeito dá a ver, sob as lentes de um microscópio teórico, a formação molecular invisível da história subjetiva.

A hipótese sugerida para que seja possível a regressão é de que ocorram modificações das cargas de energia, modificações econômicas, que fazem os diferentes sistemas do aparelho mais ou menos transitáveis para a excitação, na vida desperta ou durante o sono, funcionamento que evoca as facilitações e inibições formuladas no *Projeto*. A memória também contribui para o processo por meio de cenas infantis inconscientes que exercem atração sobre as idéias latentes produtoras do sonho, transferindo-lhes não seu conteúdo, mas a modalidade de excitação sensorial, predominantemente visual, de sua inscrição. É desta transferência de uma modalidade sensorial privilegiada nas experiências infantis que resulta a forma visual de expressão das idéias latentes no sonho. Para sintetizar, Freud conclui que a regressão "é sempre um efeito da resistência, que se opõe ao avanço da idéia até a consciência pelo caminho normal, e da atração simultânea que as recordações sensoriais exercem sobre ela (...) Aquilo que, ao analisar a elaboração onírica foi descrito como consideração pela figurabilidade, poderia ser referido à atração seletora das cenas visualmente recordadas enlaçadas às idéias latentes."[42]

A visualidade do sonho é, para Freud, o índice não só da presença indelével do infantil individual, mas também do infantil da espécie. A atividade onírica é o modo de conservação do que foi atividade da vigília na infância da humanidade. O sonho é um dispositivo cênico no qual se desenrola um certo tipo de ação própria dos impulsos inconscientes – antigüidades anímicas – e o ato de sonhar é, em si mesmo, o recurso a uma

---

41. Ver, a este respeito, o Estudo I, p. 39-40.
42. Freud, S.: *A interpretação dos sonhos*, cap. VII, in *Obras Completas, op. cit.*, vol. I, p. 679.

modalidade primária de expressão e realização do desejo, a identidade de percepção, presente tanto na infância de cada indivíduo quanto na pré-história da humanidade.[43] A presentificação e a visualidade dão testemunho da passagem do tempo na cena psíquica. Paradoxalmente, comenta Lacoste, "um modo de funcionamento primário banido por sua ineficácia, que ressurge sem cessar em seu aspecto mais triunfante na realização do desejo".[44] O privilégio do visual consiste em, ao ser a modalidade sensorial que possibilita pôr em cena o desejo inconsciente, seja qual for o seu conteúdo, propiciar satisfação direta à própria pulsão de ver. Se, além de uma modalidade de expressão, a excitação visual – a força de atração a que Freud se refere – indicar ao desejo produtor do sonho o prazer de ver em substituição ao seu modo próprio de satisfação, ganha ainda mais sentido a afirmação de que o sonho é satisfação de desejo. A visualidade onírica não se limita, assim, a representar o desejo como realizado, mas, ao pô-lo em cena, propicia-lhe uma modalidade peculiar de satisfação substitutiva, pela satisfação da pulsão visual.[45] "Todo e qualquer sonho é uma realização de desejo", comenta Mezan,[46] "– e antes de mais nada do desejo de ver, posto que é filme que se desenrola no interior das pálpebras – porque a criação de um sonho satisfaz o desejo megalomaníaco infantil de ser simultaneamente o sujeito e o objeto, o autor e o ator do filme noturno. A pulsão visual se revela assim como um verdadeiro paradigma da sexualidade, na medida em que nesta a dimensão reflexiva é originária." Em seu artigo de 1915, sobre os destinos das pulsões, Freud toma a pulsão visual como modelo para pensar a atividade, a passividade e a reflexividade e identifica no momento reflexivo, auto-erótico, a passagem da visão como autoconservação, que Mezan denomina como "ação instrumental de ver", para o prazer de ver propria-

---

43. Idem, p. 679 e 690.
44. Lacoste, P.: "Scène, l'autre mot", *Nouvelle Revue de Psychanalyse, op. cit.*, p. 264.
45. Em *O Ego e o Id*, Freud observa que as pulsões parciais comunicam-se entre si, de modo que uma pulsão procedente de uma determinada fonte erógena pode ceder sua intensidade para incrementar a de outra pulsão parcial procedente de fonte distinta e que a satisfação de uma pulsão pode ser substituída pela de outra. In Freud, S.: *O Ego e o Id*, seção IV, *Obras Completas, op. cit.*, p. 2719.
46. Mezan, R.: "A Medusa e o telescópio...", in Novaes, A. (org.), *O Olhar, op. cit.*, p. 458.

mente pulsional. O fechar dos olhos abre a janela da alma. No cenário do sonho, o prazer de ver se instaura como visualidade, separando-se da autoconservação, e a restituição alucinatória do objeto perdido pode aplacar auto-eroticamente tanto a pulsão visual quanto o desejo produtor do sonho. Assim, a força de atração do visual pode ser também a força da satisfação, embora fugaz, que o prazer de ver oferece, fazendo com que muito tempo depois da infância a humanidade continue a sonhar.

Transpondo para a situação analítica as aproximações de Freud entre a infância individual e a da espécie, Fédida assinala a importância da imaginação analógica e metafórica do analista para que o processo regressivo desenvolva sua função restauradora de uma memória amnésica. Pela regressão, reanima-se na análise, como no sonho, a memória arcaica que, conservada como um fóssil, petrificada, não poderia ser objeto de uma visão direta, mas torna-se legível por meio de suas marcas. A situação analítica, entendida como uma "tópica da memória da linguagem", é capaz de restituir pelas figuras esta animação da memória. "O pensamento de imagem conserva os traços de uma forma desaparecida, podendo então desenhá-la *sob uma nova forma*".[47] A dinâmica deste processo é possível somente pela construção da situação analítica como uma tópica homóloga à do aparelho psíquico, que dá legibilidade ao temporal e ao formal, à memória conservada e oculta na linguagem. Recorrendo a uma passagem de "Atualidades sobre a guerra e a morte", de 1915, Fédida enfatiza que Freud concebe a regressão como restitutiva da plasticidade e da integridade do anímico primitivo[48]. O sonho dá a ver, ignorante de sua memória, imagens

---

47. Fédida, p.: "A regressão", in *O sítio do estrangeiro, op. cit.,* p. 222. (grifo meu)

48. Idem, p. 224. Na passagem a que Fédida se refere, Freud diz: " todo estado de desenvolvimento anterior se mantém ao lado do estado ulterior dele originado; a sucessão condiciona com ela uma coexistência, ainda que seja sobre os mesmos materiais em que se desenrolou toda a série de modificações. O estado anímico pôde, com o passar dos anos, não se manifestar, mas não deixa de subsistir e pode um dia voltar a ser a forma de manifestação do anímico, talvez a forma única, como se todos os desenvolvimentos ulteriores tivessem sido anulados, desfeitos; esta plasticidade extraordinária dos desenvolvimentos anímicos não é ilimitada quanto à sua direção. Pode ser designada como uma capacidade extraordinária à retrogradação - regressão - pois até acontece que um estado de desenvolvimento ulterior e mais elevado, tendo sido abandonado, não possa ser de novo atingido. Mas os estados primitivos sempre podem ser reinstaurados; o anímico primitivo é, no sentido mais pleno, incapaz de passar". Ver Freud, S. : "Considerações atuais sobre a guerra e a morte", in *Obras Completas, op. cit.,* vol. II, p. 2108.

que transportam os traços do imperecível. A regressão faz coexistirem duas temporalidades, utilizando o tempo presente da imagem para descrever, sem dizer, o que não faz parte da lembrança. Faz-se, assim, uma operação de conversão sobre o tempo, o curto-circuito a que se referia Lacoste, que consiste em decliná-lo "rumo a um *lugar* virtual do conhecimento do qual a memória não pode se apropriar"[49]. Apoiando-se nas metáforas arqueológicas e geológicas de Freud, Fédida observa que este lugar amnésico da memória só pode ser da natureza de um *sítio*, cuja composição e natureza são mais reveladoras dos processos aí ocorridos do que os próprios objetos nele encontrados. "Se a regressão é memória – arquimemória, por assim dizer – ela só pode ser memória em razão do *sítio* que ordena o solo da descoberta. Ele não o ordena como poderia ser feito por um conceito; ele o instaura como *situação*, e esta é o conhecimento do terreno." Na situação analítica, pela disponibilidade de uma "imaginação generosa", cabe ao analista ser "aquele que concede à linguagem ser o lugar da anacronização do tempo". As ponderações de Fédida em torno da regressão convergem com as de Lacoste a respeito da outra cena, ambos enfatizando a compreensão do *lugar* psíquico, no sonho ou na análise, em sua singularidade enquanto terreno, cenário, sítio, situação. Em referência a este lugar, a imaginação do analista – sua disponibilidade à apresentação das imagens – é sua própria capacidade de regressão presente na escuta, acompanhando a regressão do paciente e acolhendo as figuras como as formas sensíveis de apresentação dos restos da memória na linguagem.

Após ter mencionado Fechner, Freud quase se desculpa pela imperfeição das imagens, representações auxiliares a que recorre em seu esforço de elucidação. Entretanto, como é enfatizado pelas elaborações de Lacoste e Fédida, sua concepção de um lugar psíquico em que se forma o sonho não é, de forma alguma, somente o modelo de um funcionamento ou de localizações simplificadas e parciais. Na leitura de Lacoste[50], em particular, a noção freudiana de uma localidade psíquica ultrapassa a intuição de Fechner pois

---

49. Ibid. p. 228.
50. Lacoste, p.: "Scène, l'autre mot", *Nouvelle Revue de Psychanalyse, op. cit.*, p. 262.

não se trata, para Freud, de um lugar de textura diferente apoiado em qualquer tipo de referencial anatômico. Não é um lugar *do* psíquico, pois "*psíquico* qualifica totalmente o lugar". A própria idéia de localidade psíquica é psíquica. Na mesma direção, Fédida acrescenta que a ficção de um aparelho óptico oferece à teoria um lugar para o que permanece desconhecido, entre o cérebro e suas manifestações, de um lado, e os atos da consciência, do outro.[51] A teoria do lugar psíquico não é apenas uma conjunto de hipóteses e conceitos, um recurso discursivo do pensamento teórico. É uma tópica de fato, no sentido em que é constitutiva de um lugar lógico ideal. "A teoria de um lugar psíquico é uma pura construção cuja constituição é ponto a ponto homóloga à instauração da situação analítica, ela mesma entendida como construção."[52] Na lógica da construção da teoria, a dimensão tópica vai se constituindo por meio de "um trabalho de deslocalização anatômica... por liberação progressiva do substrato anatômico". Para Fédida, entre o sintoma e o sonho, entre os *Estudos sobre a histeria* e a *Traumdeutung*, "a teorização percorreu um caminho de autoteorização que é instaurador da *situação psicanalítica*, situação esta que se organiza ao mesmo tempo em que se constitui a arquitetura da teoria".

Acompanhando as ponderações de Fédida, vemos que o recurso ao modelo de um aparelho óptico revela-se intrínseco à intuição freudiana quanto à tópica.[53] A construção de um aparelho óptico, uma luneta ou um microscópio, comporta uma teoria sobre a produção da imagem como uma forma sensível, em correspondência com seu modo de formação no próprio interior do olho. A imagem onírica interessa a Freud não simplesmente pelo que possa dar a observar, mas por seu modo de se produzir no interior do aparelho que impõe a lógica de uma tópica. É a formação de imagens com características sensoriais de presentificação que faz do sonho uma experiência singular e solicita à imaginação teórica a

---

51. Já no texto sobre as afasias, Freud refere-se ao psíquico como "concomitante dependente" em relação ao fisiológico, antecipando com esta expressão a natureza singular dos processos psíquicos e separando-os, desde muito cedo em suas reflexões, tanto do referencial fisiológico quanto do anatômico. Ver, a este respeito, Garcia-Roza, em *Introdução à metapsicologia freudiana-1*, Rio de Janeiro, Zahar, 1991, p.32-33.
52. Fédida, P.: "Teoria dos lugares II", in *Nome, figura e memória, op. cit.*, p. 138-140.
53. Idem, p.141.

concepção de um sítio em que isso possa ocorrer. No início da *Interpretação dos Sonhos*, Freud já se havia referido à natureza alucinatória do sonho: "O sonho pensa, portanto, predominantemente em imagens visuais, embora também não deixe de trabalhar com as impressões auditivas e, em menor escala, com as impressões dos demais sentidos...aqueles elementos de conteúdo que se comportam como imagens, ou seja, aqueles mais parecidos com percepções do que com representações mnêmicas são algo característico e peculiar do fenômeno onírico. ..podemos dizer que o sonho alucina, isto é, substitui pensamentos por alucinações."[54]

O que se segue a esta conhecida formulação é o exame das condições que determinam a credulidade do sonhador nas imagens oníricas. Freud recorre às observações de Strümpell, para quem "os elementos oníricos não são meras representações, mas verdadeiras *experiências da alma*"[55], já que durante o sono, não se tem como distinguir imagens e percepções internas das externas. A inibição da motilidade e o afastamento do mundo exterior, a ausência de percepções externas com as quais confrontar as imagens do sonho, são os fatores sugeridos para esta perda de critério e também para a mobilidade das imagens, sua flutuação ou perda de valor psíquico, e para seu funcionamento associativo à margem da causalidade, já que não se submetem a um curso guiado voluntariamente. Embora considere insuficientes estes fatores para explicar tantos efeitos, Freud não deixará de incluí-los no dispositivo analítico. Trata-se de nele reconstituir as condições de um dispositivo cênico, de uma situação que privilegie a forma de existência particular da realidade psíquica, na qual, como no sonho, o presente, o atual, acolhe o desejo e a memória sob a forma de experiência. A posição reclinada e uma certa imobilidade do corpo, a regra da associação livre, a limitação do campo perceptivo durante a sessão, inclusive a exclusão do analista do campo visual, não deixam de se reportar a esta situação em que, apesar de não se pretender chegar à alucinação, tornam-se também possíveis as experiências da alma. Não é, então, para ver o inconsciente em

---

54. Freud, S.: *A interpretação dos sonhos*, cap. VII, in *Obras Completas, op. cit.*, vol. I, p.378.
55. Idem, p.379. (grifo meu)

alguma parte ou através do aparelho psíquico que Freud o formula em termos de um aparelho óptico, mas para apreendê-lo *in situ*, em seus processos de formação. A escuta do analista, por sua vez, tampouco se utiliza do dispositivo para ver o psíquico. Ela se constitui *com* ele, na situação que se instaura pela disponibilidade do analista à regressão, por sua capacidade de acompanhar a fala do analisando com o afrouxamento do seu próprio pensamento, emprestando seus próprios traços mnêmicos (sua memória inconsciente, como indicava Freud...) como matéria prima para as produções sempre surpreendentes do processo primário. Reencontra-se assim a idéia de uma recepção bem menos simplificada, por certo, do que a sugerida pela metáfora telefônica e que, recorrendo mais uma vez a Fédida, pode ser formulada como "uma recepção pela linguagem de *todas as falas* e atividade de construção ou então de *colocação em figuras* pelo poder de nomear".[56]

Atento às possibilidades implícitas nas elaborações de Freud, Fédida enfatiza que não se poderia dizer que o analista observa figuras, pois as imagens que se formam em sua escuta correspondem à "efetuação óptica da regressão... o analista não observa nada fora de sua atividade de construção da linguagem e, portanto, fora do poder de figurabilidade...o invisível aparelho óptico da situação analítica é inerente à escuta analítica das palavras, tomando as imagens destas como 'instrumentos' de visão..."[57]. O retorno às imagens visuais é, na escuta do analista, o retorno à fonte da linguagem, ao lugar do seu permanente engendramento, ou seja, como Freud enfatiza, o retorno do pensamento às impressões sensíveis das quais ele nasce e aos seus modos primários de constituição. "Tudo se dá", acompanha Fédida, "como se se tratasse, ao construir o aparelho óptico-psíquico, de construir a condição da situação analítica e, portanto, do 'funcionamento' do analista".[58]

Já no final da *Interpretação dos Sonhos*, surge um esclarecimento que funciona como advertência em relação à possibilidade de banalização do modelo: "Creio que é adequado e justificado conti-

---

56. Fédida, P.: "Teoria dos lugares II", in *Nome, figura e memória...*, *op.cit.*, p.136.
57. Fédida, P.: "Teoria dos lugares II", in *Nome, figura e memória, op. cit.*,p.141-142.
58. Idem, p. 144.

nuar empregando a representação plástica dos sistemas. Evitamos todo e qualquer abuso desta forma de exposição recordando que as representações, as idéias e os produtos psíquicos em geral não devem ser localizados em elementos orgânicos do sistema nervoso, mas *entre eles*. Tudo aquilo que pode se tornar objeto de nossa percepção interior é *virtual* como a imagem produzida pela entrada do raio luminoso numa luneta. Os sistemas, que *não são em si nada psíquicos e nunca se tornam acessíveis à nossa percepção psíquica*, podem ser comparados às lentes da luneta, as quais projetam a imagem."[59] A potência heurística da concepção freudiana do lugar psíquico consiste então, como observa mais uma vez Fédida, numa "negatividade que é fundadora da escuta psicanalítica"[60] e que remete a possível localização de qualquer formação psíquica a um ponto não alcançável *entre* os elementos do aparelho óptico-psíquico. Na escuta, esta negatividade é constituída pela recusa tanto do valor de comunicação massificada das palavras quanto da fascinação do olhar pelas imagens[61], sendo assim referida à incessante construção da linguagem. O silêncio do analista não se ocupa de compreender as palavras ou, por outro lado, de tomar a superfície da imagem como revelação. O intervalo entre a fala livremente associativa e a atenção flutuante opera como um dispositivo que produz a virtualidade em forma de imagens visuais, e este visual virtual "é da ordem da figurabilidade".[62] A apresentação em imagens é colocação em figuras, dando forma sensível tanto a recombinações de traços quanto a novas inscrições e assim restaurando a memória da linguagem em sua *potência de produção de sentidos*.

As reflexões dos autores que fiz dialogar neste estudo sustentam e sublinham suficientemente, a meu ver, a concepção pela qual a situação psicanalítica se instaura segundo o paradigma do sonho. A fala e a escuta são, nesta convergência de leituras, elementos de um lugar psíquico, um sítio que recebe e desaliena a linguagem aproximando-a das dimensões de experiência das quais

---

59. Freud, S.: *A interpretação dos sonhos*, cap. VII, in *Obras Completas, op. cit.*, p.714. (grifos meus)
60. Fédida, P.: "Teoria dos lugares II", in *Nome, figura e memória, op. cit.*, p. 141-143.
61. Fédida, P.: "A psicanálise não é um humanismo", in *Nome figura e memória, op.cit.*, p. 89.
62. Fédida, P.: "Teoria dos lugares II", in *Nome, figura e memória, op. cit.*, p. 144.

ela nasce, promovendo aí sua descristalização e o reencontro de sua capacidade criativa. É assim que a regressão pode ser entendida como o processo que produz e qualifica o psíquico, sendo restauradora da potência poiética das palavras. Mais do que retrocesso ou involução a uma forma imperfeita de acesso do inconsciente à consciência, a regressão é uma *mudança de direção* que recria e alimenta o pensamento. Colocar em figuras não é simplesmente uma forma de recuperar o que sucumbiu ao recalcamento ; é também construir, a partir do acervo de traços da memória, novas formas que resgatem a potência de criação da linguagem. As imagens que se formam na situação analítica, fugidias, são efeitos de apresentação – *Darstellung* – que se produzem neste lugar. O termo alemão utilizado por Freud é *Darstellbarkeit*. A forma verbal, *darstellen*, refere-se a um duplo movimento de "dar uma forma captável" e de "mostrar". Expressar, exprimir, constituir numa forma aquilo que se encontra em estado inapreensível são algumas conotações que acompanham o termo.[63]

Como parece acontecer em certos momentos fecundos de uma análise...

Janelas

Faltando poucas semanas para o casamento, a jovem falava sobre os preparativos. Descrevia em detalhes o apartamento e referia-se ao trabalho que estavam tendo, ela e o noivo para arrumar eles mesmos a nova moradia. Casavam-se num período de dificuldades financeiras e ela teria preferido esperar um pouco mais. O pai havia morrido anos antes e, do antigo estilo sofisticado de vida da família, haviam restado alguns objetos artísticos, quadros, tapetes e móveis que vinham sendo divididos com a irmã, não sem alguns conflitos. Era sobre estes pertences e as decisões a tomar que ela me falava desde o início da sessão. Eu a escutava em silêncio, sentindo dificuldade em desprender-me daquele discurso, quer

---

63. Hanns, L.: *Dicionário Comentado do Alemão de Freud*, Rio de Janeiro, Imago, 1996, p.376 a 385.

porque, refratária ao divã, era da poltrona em frente que ela me falava, quer porque a descrição de todo aquele mobiliário conseguia lotar minha mente e paralisar minha escuta.

Mas, ainda assim, aconteceu o momento em que deixei de ouví-la com os ouvidos e ali estava, no meu pensamento, uma imagem isolada, muito antiga e surpreendente. Uma peça do mobiliário da minha própria infância, uma antiga escrivaninha da casa de meus avós paternos, ocupava minha atenção, logo seguida de uma intensa ansiedade. Tomada por um devaneio, perguntava-me que destino teria sido dado àquele móvel, quando foi decidida a venda da casa, após a morte de minha avó. O sentimento de perda de algo muito valioso era inconfundível. Continuei ouvindo a paciente e mais adiante, quando o impacto da lembrança já havia se dissipado, disse-lhe em poucas palavras que ela temia, talvez, passar por perdas com esse casamento.

Por aproximação com minha lembrança, eu pensava em perdas relacionadas à partilha com a irmã. Inesperadamente, o que veio a seguir foi a narrativa de suas dificuldades em contar ao noivo que, embora não querendo magoá-lo, hesitava em adotar seu sobrenome. Um sentimento de tristeza acompanhava a perspectiva de, após o casamento, abreviar ou deixar de usar seu nome de solteira. Lembrei-a de que, já sabendo da natureza fatal de sua doença, o pai lhe havia prometido, ainda assim, que não morreria. Guardei comigo as conjeturas. Manter seu sobrenome seria, talvez, preservá-lo ou preservar-se da quebra de tal promessa? Um novo sobrenome seria afinal o reconhecimento da perda? Objetos antigos na casa nova, acreditar novamente na palavra de um homem, correr novos riscos... O casamento aproximava-se sob a sombra de um luto inacabado.

Quase no final de seu artigo, Mezan sugere: "Talvez seja nos processos psíquicos que precedem a interpretação verbalizada que possamos encontrar, agora no psicanalista, o lugar próprio da visualidade na situação analítica".[64] Freud recomenda ao jovem analista que, em atenção flutuante, deixe-se conduzir por sua memória inconsciente. A escuta na análise coloca o analista "em

---

64. Mezan, R.: "A Medusa e o telescópio...", in Novaes, A . (org.), *O Olhar*, op.cit., p.475.

situação parecida àquela de quem sonha", disponível à apresentação de imagens visuais. Um dos destinos sublimados da pulsão de ver é a pulsão de saber e, continua Mezan, "o exercício da psicanálise pode ser a continuação deste processo".

A lembrança encobridora, lembra Pontalis, chama a atenção pela intensidade perceptiva e pela profusão de detalhes que parecem pouco importantes. Há aí um enigma. A infância deixa traços apenas, fragmentos desprovidos de intensidade dos quais se compõe a memória. A lembrança vem dar a forma. E a intensidade? Para Pontalis[65], a intensidade visual e a profusão dos detalhes são o próprio retorno do que se perdeu na inscrição, no traço mnêmico. É o que, do recalcado, por ser pulsão, é excesso.

A escrivaninha é um fragmento. Duas torres laterais e uma prateleira superior guardavam os livros. Na parte central, uma tampa marchetada se abria, formando a superfície para a escrita e revelando pequenas gavetas. Era nela que, eventualmente, em alguns fins de semana, eu fazia as tarefas escolares ou desenhava. A sala era, na verdade, um espaçoso jardim de inverno, destinado a muitas atividades da família. Grandes janelas davam para o jardim e, até hoje, estar próxima a uma janela na qual repousar o olhar, especialmente quando escrevo, é um prazer reconfortante.

---

65. Pontalis, J.-B: "Perder de vista", in *Perder de vista, op. cit.*, p.218.

Estudo IV

Entre a dor e o sonho

> "A imagem é um recurso desesperado contra o silêncio que
> nos invade cada vez que tentamos expressar a terrível
> experiência do que nos rodeia e de nós mesmos"
> Octavio Paz

Freud e o *Polyopticon*...
Inesperada, a associação evoca o brinquedo que tanto sucesso fazia entre as crianças da família quando era presenteado a alguém, infalivelmente um dos meninos. Tubos de diversas extensões e lentes variadas vinham primorosamente arrumados numa caixa com o folheto de instruções. Um *kit* como se diz hoje. Com aquele fantástico conjunto de peças era possível fazer uma dezena de instrumentos ópticos! A maternidade deu-me afinal a chance de presenteá-lo ao meu filho, assim que ele chegou a uma idade apropriada. Nunca entendi por que não o davam também às meninas mas, tornando-me analista, encontrei em Freud algumas hipóteses para a minha inveja infantil, assim como pude encontrar, na *Interpretação dos Sonhos*, o peculiar aparelho óptico que acabou por tornar-se parte dos meus instrumentos de trabalho.

Para além da evidente amenidade, a lembrança do *Polyopticon* tem aqui seu interesse porque me permite, avançando um pouco mais, evocar também as múltiplas possibilidades de montagem dos instrumentos e os problemas que podiam ocorrer quando as instruções eram abandonadas. Desconhecendo as leis da reflexão, ao improvisar nem sempre obtínhamos o resultado esperado. As imagens, quando não eram apenas manchas disformes, mostravam-se desfocadas ou invertidas, certamente formadas *fora do lugar*, como pude entender mais tarde nas aulas de física. Sua produção e focalização, como aprendi, depende da distância adequada, do intervalo entre as lentes no interior do instrumento. Era preciso, então, que ele fosse bem construído, que nenhum elemento faltasse e que ele pudesse ser regulado de acordo com cada situação, para que em seu interior se criasse o lugar ideal de formação das imagens.

Correndo o risco de forçar a analogia, penso que se pode ainda estendê-la às dificuldades que freqüentemente atingem a instauração da situação analítica como um lugar que produz virtualidade, em correspondência com o aparelho óptico-psíquico construído por Freud para ser o suporte da tópica do sonho. Ainda que a escuta do analista se disponha em relação à fala do analisando tendo o sonho como referência, há momentos e circunstâncias da clínica que podem afastá-la desta disposição. Há alguns atendimentos em que, por dificuldades singulares, as condições necessárias ao estabelecimento da situação analítica podem não estar presentes e um certo tempo é necessário para que elas cheguem a se colocar, nos casos - não serão todos - em que isso for possível. Por vezes, é a continuidade de um trabalho já em evolução que sofre uma ruptura, desregula-se, e também aí será necessário algum tempo para promover cuidadosamente sua incerta retomada. É nestas ocasiões que cada analista passa pela inevitável experiência de que sua disponibilidade e seus recursos, a escuta flutuante, a atividade imaginativa e a interpretação, são insuficientes, até inapropriados, para a radicalidade de situações em que a dor psíquica toma de assalto a análise. A dor, podemos pensar, interfere na construção da situação analítica entendida como aparelho óptico-psíquico, desregulando ou impedindo que se criem entre a fala do analisando e a escuta flutuante do analista a "justa distância"[1] e a virtualidade que qualificam a linguagem na análise. São dificuldades que, com razão, promovem importantes questionamentos em relação aos limites da técnica e às possibilidades de sua flexibilização, mas podem também, por outro lado, favorecer certa tendência ao abandono do referencial quando, a meu ver, são justamente estas as ocasiões em que o analista é radicalmente convocado a refletir sobre as condições de sua construção e do seu funcionamento.

---

1. Fédida, P.: "Do sonho à linguagem", in *Nome, figura e memória,...*, *op. cit.*, p. 13.

Os impedimentos que a irrupção da dor contrapõe ao trabalho analítico conduzem Freud a conceber que algo se passe além do princípio do prazer. Autores posteriores referem-se a estes impasses como "casos difíceis", "situações limite" ou "momentos críticos", tomando-os também como objeto de um questionamento que, seguindo a trilha já aberta, trabalha as fronteiras tanto da técnica quanto da teoria. Este trabalho nas fronteiras deve, a um só tempo, avançar sobre o desconhecido mas continuar a sustentar-se na reflexão metapsicológica que é, desde Freud até nossos dias, o recurso mais seguro do psicanalista quando se trata de encontrar ou produzir conhecimento diante de novas problemáticas. "A metapsicologia incorporada em nós é a única garantia de podermos ir e voltar, pois há também a ida sem volta, a possibilidade de nos perdermos de vez no caminho"[2], enfatiza Menezes, refletindo a respeito dos limites com que se defronta a prática analítica. Como ele assinala, é pelo recurso à metapsicologia que se pode imaginar que "o dispositivo analítico entra em pane em certos casos, em certos momentos de uma análise, porque o próprio aparelho psíquico pode estar lesado."[3] A imaginação metapsicológica recorre à figura do pára-excitações rompido para apreender os efeitos que o traumático, a dor, produz no interior do aparelho, interferindo em seu funcionamento e impondo "a urgência, agora prioritária de se reconstituir e de sobreviver". A ponderação de Menezes dá ênfase não somente à inventividade do pensamento metapsicológico de Freud, mas também à mobilidade que lhe permite, ao invés de descartar o aparelho, pensar sobre seu funcionamento em condições precárias. Não se trata então, como ele comenta mais adiante[4], de substituir a primeira teoria do aparelho psíquico pela segunda, mas de que ambas se articulem incluindo o conhecimento trazido pelos momentos em que o aparelho é solicitado a processar o que fere, causa dor ou paralisa.

---

2. Menezes, L. C.: "Além do princípio do prazer: a técnica em questão", in Alonso, S. e Leal, A . M . S. (org) , *Freud: um ciclo de leituras, op. cit.*, p.274.

3. Idem, p. 270.

4. Ibid., p.273 e 271.

Quando, em situações-limite da clínica, a referência ao aparelho óptico-psíquico e ao sonho não encontra condições de operar no intervalo entre uma fala que não se dispõe à livre associação e uma escuta que se encontra tolhida em sua flutuação, cabe ainda, a meu ver, preservar o referencial. As imagens surgidas *fora de lugar* pela frágil construção do aparelho ou por sua ruptura talvez não se destinem, nestas condições, à produção de metáforas e de interpretações que o paciente ainda não pode acolher e elaborar. Não deixam, entretanto, de participar da elaboração interna que cabe ao analista, informando-o, como assinala Fédida, "sobre as distorções que o paciente sofreu e que ele próprio impinge à comunicação" e auxiliando o analista a manter sua própria "capacidade de mobilidade psíquica".[5] Mesmo em condições adversas, a escuta permanece a guardiã da possibilidade de instalação da situação psicanalítica. Momentos críticos em que esta escuta se desregula encontram no modelo do aparelho óptico a referência a um modo de funcionamento cujas condições de restauração cabe ao analista procurar promover. É a própria atividade de pensamento do analista em trabalho que, mantendo como referência o sonho, busca preservar-se associativa e sustentar as condições de especificidade da linguagem na análise. O recurso a diversos manejos e atos analíticos se coloca, por certo, como possibilidade de avançar além dos limites com que se defronta a interpretação.[6] Porém, se a flexibilização da técnica permite acolher estados em que a dor paralisa o funcionamento do aparelho, e se a reflexão teórica avança concebendo novos suportes para o entendimento destas situações-limite, a função imaginativa do analista tem aumentada, em contrapartida, sua importância metodológica e responsabilidade ética, pois dela depende a preservação das possibilidades de transformação que a linguagem possa, mais adiante, reencontrar ou criar. Em certos casos, este compromisso chega mesmo a implicar a análise na radicalidade de uma aposta.

---

5. Fédida, P.: "Do sonho à linguagem", in *Nome, figura e memória...*, op. cit., p.30.

6. Uma valiosa reflexão a este respeito foi desenvolvida por Myriam Uchitel em *Além dos limites da interpretação, indagações sobre a técnica psicanalítica*, S. Paulo, Casa do Psicólogo, 1997.

Laís: a defesa pela realidade

Nascida no Sudeste Asiático, Laís havia sido educada em inglês, idioma que falava com mais fluência do que a língua oficial do seu país. Fui procurada para atendê-la porque ela precisava, antes de mais nada, de um terapeuta que "falasse sua língua". Durante os meses em que nos encontramos em meu consultório, esta condição inicial iria revelar toda a potência de seu duplo sentido.

Trabalhava como relações públicas de um hotel sofisticado quando conheceu o marido, um brasileiro que freqüentemente viajava ao Oriente a negócios. Em poucos meses, após ele ter rompido um casamento que já não ia bem, casaram-se e vieram para o Brasil. Logo a seguir, ela engravidou e teve um menino que estava com três anos quando a conheci. Notei que compreendia bem o português mas expressava-se de modo bastante precário para os quatro anos em que já residia no país. Manifestava, de fato, uma forte resistência nesse sentido, articulada à maneira como a família e os amigos do marido a haviam recebido na sua chegada. A seu ver, havia sido culpabilizada injustamente não só pelo divórcio dele, como também pelo falecimento da ex-esposa, ocorrido pouco tempo depois. Achava que as pessoas a tratavam com indiferença e não tinham a atenção de dirigir-se a ela em inglês mesmo sabendo que acabara de chegar. Não a ajudavam a integrar-se às conversas e situações de convívio familiar e social. Percebia, ou imaginava, que utilizavam o português para poder acusá-la e fazer pouco dela sem reservas.

Ressentida, Laís passou a evitar sempre que possível estes contatos e adotou uma atitude de distanciamento, criticando duramente os brasileiros em geral, por não aprenderem outros idiomas e pela falta de cortesia com os estrangeiros. Não falar português, mesmo em casa, com o marido e o filho, tornou-se para ela um recurso de preservação narcísica, já que ao casar-se deixara para trás seu país, seus parentes e costumes, um bom emprego, amigos, enfim, as situações que sustentavam sua identidade.[7] Era esta a maneira que havia encontrado para exigir das pessoas próximas alguma forma de reconhecimento de sua condição, uma forma de não ser submetida passivamente pelo novo ambiente. Por outro lado, esta atitude também a impedia de construir novos vínculos e inserir-se em situações que pudessem substituir, mesmo parcialmente, as que havia perdido. Havia um trabalho de luto a ser realizado em função das escolhas implicadas no casamento. Este processo, contudo, era muito dificultado, quer pelas condições adversas encontradas na chegada, quer pelas condições internas de Laís, como a análise iria revelar.

Suas dificuldades aumentaram quando engravidou pela segunda vez, contrariando recomendações médicas. Após o nascimento de seu filho, Laís passara a ter problemas de coluna e, na opinião do médico, uma segunda gestação iria sobrecarregá-la demais, podendo causar danos graves, além de fazê-la passar por muitas dores e obrigá-la a manter repouso por um longo período. O marido estava contente com os filhos do primeiro casamento e o menino que já tinham e foi por insistência dele que Laís aceitou interromper a gravidez. O episódio do aborto foi narrado, em nossa primeira entrevista, com muita emoção e de modo confuso. No dia marcado, o marido precisou viajar a serviço e ela foi para a clínica acompanhada pela cunhada. Assustada com a situação e insegura quanto à decisão tomada, preferiu cancelar a intervenção. Como já estava parcialmente anestesiada, o médico e a cunhada não a entenderam e tudo acabou acontecendo, segundo seu relato, contra a sua vontade.

Um profundo ressentimento tomou conta dela a partir de então, pois desconfiava de que a cunhada tivesse sido instruída pelo

---

7. Em pesquisa apresentada como dissertação de mestrado ao Programa de Estudos Pós-Graduados em Psicologia Clínica da PUC-SP, em maio de 1998, Joyce Kacelnik investiga questões ligadas ao uso de uma língua estrangeira na análise por um de seus participantes. Segundo pensa, "o aprendizado de novas linguagens é parte de todas as análises e há necessidade de manter eles com termos conhecidos, seja por parte do analista ou do paciente, pois cada dupla analítica desenvolve uma linguagem própria independentemente da presença de uma língua estrangeira. A questão da língua estrangeira como um todo, seu aprendizado ou esquecimento, é fruto de aspectos inconscientes que possibilitam a algumas pessoas um domínio da língua estrangeira ao passo que outras jamais conseguirão superar a inibição que as impede do encontro com o novo, com o desconhecido, com o estrangeiro, implicando portanto na introjeção de novos objetos e uma possível resistência à renúncia de antigos objetos pode ser um obstáculo ao processo de aquisição. Este tema parece estar ligado às vivências narcísicas."

marido para não deixá-la recuar. Por outro lado, não sabia se, sob o efeito dos primeiros sedativos, tinha chegado a enunciar sua mudança de idéia. Assim, oscilava permanentemente entre acusar os dois por tramarem tudo ou a si mesma por ter sido incapaz de proteger sua gestação. O bebê não nascido passou a ocupar permanentemente seus pensamentos e, no período que se seguiu ao aborto, Laís desenvolveu uma série de sintomas que o incluíram. Passou a ouvir choro de criança e vozes que a acusavam de ser assassina, exigindo reparação. Dormia pouco, ou não se lembrava de ter dormido, e suspendeu os contatos sexuais, acusando o marido de não respeitar sua perda e de egoísmo por não ter querido outro bebê. Culpava-se, argumentando que teria suportado qualquer sacrifício para tê-lo, mesmo que por isso chegasse a ficar paralítica. Resistia a alimentar-se e começou a perder peso. Passou a ter medo de ficar sozinha com o filho, pois as vozes a impeliam a matá-lo como forma de expiação e suicidar-se a seguir. Tinha um contato instável com o menino sendo, às vezes, exageradamente permissiva e protetora e, em outros momentos, severa, agressiva e até descontrolada. A presença do marido era freqüentemente exigida e ele precisava sair do trabalho para vir socorrê-la em crises de depressão ou agressividade, o que começou a prejudicá-lo no emprego.

As dores nas costas intensificaram-se a ponto de, muitas vezes, ela sentir que não podia andar nem fazer a mais leve tarefa doméstica. Laís iniciou uma peregrinação a consultórios médicos e as opiniões sobre seu caso foram ficando cada vez mais confusas. Alguns achavam que havia, de fato, um grave comprometimento e ela foi submetida a muitos exames, às vezes bastante dolorosos. Outros achavam que o problema era bem mais simples do que parecia. Havia opiniões a favor e contra uma possível cirurgia e os exames acusavam a existência de uma, duas, três, até quatro hérnias de disco, além de várias calcificações. Em meio a tudo isso, um dos especialistas consultados sugeriu que, embora houvesse realmente um problema de coluna, era algo tratável, e que o sofrimento de Laís, suas dores excessivas, eram produto de uma problemática emocional que se expressava por exacerbação de seu sintoma físico. A análise estava indicada.

Laís rejeitava a hipótese de que seu estado físico tivesse motivações psíquicas. As tristes experiências que me relatou em nossas primeiras conversas não tinham, a seu ver, qualquer relação com as dores acentuadas que sentia. Admitir o contrário seria considerar essas dores como invenção sua, desvalorizando-as, e esta era, pensava, a tendência do marido e das pessoas à sua volta. Enfatizava que suas dores eram reais e esperava dos médicos a confirmação, mesmo que assim se justificasse a cirurgia. Aceitou a indicação de análise pensando em ter alguém com quem falar de suas vivências e da depressão, mas também esperava obter ali argumentos que convencessem o marido e os médicos.

Com o início do atendimento, a presença de Laís no consultório torna-se maciça. Uma colega, a mesma que indica meu nome, passa a orientar sua medicação antidepressiva e começo a atendê-la quatro vezes por semana. Franzina e abatida, Laís senta-se na poltrona à minha frente e mantém os olhos permanentemente escondidos por seus óculos *Ray Ban*. Nunca os tira, como me diz, por ser muito sensível à luminosidade e porque não quer que as pessoas vejam a tristeza em seu olhar e lhe façam perguntas. Não aceita deixá-los nem mesmo na sessão e encontro-me, então, na situação de ser vista sem ver, inusitada no meu cotidiano de analista. O desconforto inicial ameniza-se parcialmente após alguns encontros e passo, por minha vez, a observá-la melhor. Sempre bem vestida, usa perfumes sofisticados mas em dose exagerada, impregnando o ambiente ao redor. Fuma compulsivamente e quando, após algum tempo, peço-lhe que reduza os cigarros nas sessões, concorda por educação, visivelmente contrariada. Em poucas semanas, estabelece comigo uma relação de dependência intensa e começa a questionar os limites do *setting*. A freqüência e a duração das sessões são constantemente forçadas. Os telefonemas entre seus horários multiplicam-se e reage ora com agressividade, ora com agravamentos depressivos quando não é atendida. Os limites que tento manter, quer explicitamente, quer por meio de interpretações em que procuro acolher tanto seu desamparo quanto sua necessidade de controlar são percebidos como indiferença pelo seu sofrimento.

Após algum tempo na poltrona à minha frente, Laís passa a sentar-se na cadeira de rodízios da minha escrivaninha. Assim pode deslizar durante as sessões até chegar bem perto da minha poltrona, junto à janela. Ali fica contemplando a paisagem e narrando-me sua infância, a vida de solteira, a difícil relação com as irmãs mais velhas, a grande afinidade com o irmão mais novo, a quase indiferença dos pais, enfim, sua novela familiar. Nestas narrativas, previsíveis, cabe-lhe sempre o papel da pessoa generosa, altruísta e vítima das maiores injustiças. A vida com o marido é narrada paralelamente e são muitas as passagens em que os acontecimentos posteriores ao casamento e à vinda para o Brasil se assemelham ou reproduzem o mesmo roteiro das lembranças. Algumas vezes ela tece devaneios em torno de como seria sua vida se o bebê tivesse nascido, a família feliz que formariam os quatro, enfim, como tudo seria melhor. Enquanto a escuto sem intervir, ou fazendo comentários em continuidade com sua fala, as sessões transcorrem sem queixas nem atuações. Os sintomas se atenuam, inclusive as dores, e ela parece refeita, desde que não se faça qualquer observação a respeito. Não permite que eu pense que pode estar melhor e afirma que é apenas aparência e que está poupando as pessoas de se preocuparem com seu sofrimento, que continua o mesmo.

Laís percebe quando, ocasionalmente, meu pensamento escapa do controle que ela exerce durante a sessão. Nestas ocasiões, sente-se como se eu estivesse desatenta, deixando-a falar sozinha ou com as paredes. Qualquer coisa que eu lhe diga nestes poucos momentos de atenção flutuante é tratada por ela como produto de minha falta de compreensão. Reage como se eu não a houvesse entendido ou como se, com minhas intervenções, eu a estivesse contradizendo, anulando sua visão dos fatos, desconsiderando seus sentimentos e fazendo-lhe críticas e correções. Ouve-me, possivelmente, no mesmo registro em que inscreveu os maus tratos das irmãs, a reação das pessoas na sua chegada e qualquer diferença de opinião emitida pelo marido. Aos olhos de Laís, sempre protegidos pelo seu *Ray Ban*, as cenas que me relata de sua novela familiar são reais e verdadeiras do mesmo modo que suas dores e estou ali para confirmá-las enquanto causas visíveis de seus sofrimentos, não para ouvi-las como expressão de sua realidade psíquica. Se lhe digo algo em que ela não pensou, confronto-a com a alteridade, com o inelutável intervalo entre seu pensamento e o meu no qual múltiplos sentidos podem emergir. Nestes momentos, embora eu sempre me dirija a ela em inglês, *não estou falando sua língua*, ainda que minhas palavras tenham como matéria prima imagens suscitadas por sua própria narrativa. Qualquer flutuação de sentido é insuportável, pois ela teme que, abrindo-se ao virtual, minha escuta nas sessões permita a aparição de outras realidades ainda mais dolorosas, nas quais será inevitável reconhecermos as marcas de seus próprios desejos e fantasias.

Amedrontada, Laís não recebe minhas intervenções como oferta de acolhimento ao seu sofrimento e de suporte à sua elaboração. Não se apropria delas para dar início a um trabalho associativo capaz de movimentar seu cenário psíquico. Ainda assim, são as flutuações da minha escuta e as imagens que me ocorrem que fornecem indícios do que se passa com ela. Laís me diz que mal dorme, que não sonha, que ouve o choro do seu bebê e que ele lhe pergunta por que não nasceu. O trabalho do sonho é possível por meio da livre movimentação da energia psíquica. O trabalho do luto, por sua vez, libera a libido de antigas ligações tornando-a disponível para novos movimentos. Penso que o luto inconcluso de Laís talvez não lhe permita sonhar. Seu bebê não nascido é para ela uma presença. Talvez o trabalho nas sessões deva acolher primeiro este luto, deixá-lo tomar forma, para que, mais adiante, seja possível instalar a virtualidade no trabalho da análise, em correspondência com o do sonho.

Um outro bebê surge no cenário encobridor de uma lembrança de infância. De início aconchegada no colo da mãe, Laís se vê sendo colocada no chão. A mãe lhe diz que não agüenta seu peso e que está muito crescida para ficar no colo. A seguir inclina-se e pega o filho mais novo. Quando lhe pergunto como reagiu, Laís recorre ao seu altruísmo: o irmão era bebê, precisava mais da mãe. Ela ficou por perto e ajudou a cuidar dele. A cena de uma criança que, embora crescida, solicita os cuidados maternos e reclama sua perda fica encoberta em sua narrativa, mas emerge da minha escuta por meio de lembranças esparsas do cotidiano. Já a vi na rua, no banco, no supermercado, em minha própria casa. Surgindo a partir do relato de Laís, vem dar sentido à tumultuada relação com o filho e às suas queixas e demandas em relação ao marido, às pessoas com quem convive, à análise. As perdas decorrentes do crescimento encontram em cada um condições singulares de elaboração e o trabalho psíquico que se torna necessário pode ser vivido como uma exigência insuportável.

Na lembrança, um bebê ocupa o lugar de Laís que é muito pesada para sua mãe. Num outro momento, o peso de um bebê é demais para seu próprio corpo e ela não sabe se disse o que era preciso para mantê-lo. Na temporalidade inconsciente, dois momentos dão à cena traumática sua potência que, sem legendas, alimenta a repetição. No roteiro primário das rivalidades infantis, um desejo de morte do irmãozinho é vencido pela ternura. Mais tarde, a gravidez e o aborto reeditam a ambivalência e a culpa. Impasses que dão ao seu luto uma direção melancólica. Simples fragmentos de hipóteses para uma construção que me ajuda a pensar e que estou longe de enunciar. Apenas assinalo os dois momentos e Laís já não quer saber de nada disso: um tempo nada tem a ver com o outro e eu não devia sequer imaginar alguma ligação; as crianças nunca são um peso para suas mães; sente muito amor pelo irmão mais novo e, além do mais, seria capaz de carregar um filho em cada braço para não magoar nenhum.

Passamos por momentos difíceis. Laís empenha-se em obter meus cuidados atuando contra o que resta do *setting*. Descobre pela lista o telefone de minha casa e passa a ligar nos fins de semana, às vezes por estar muito deprimida, às vezes apenas para conversar, procurando familiarizar nosso vínculo. Atendo-a, ouço o que me diz, procuro acolhê-la, sem deixar de assinalar-lhe – ao menos tento – que procura assim obter toda a minha disponibilidade e quer saber se suporto isso. A certa altura, embora more numa rua muito próxima ao consultório, pede que eu vá vê-la em sua casa pois não tem forças para vir às sessões. Quer que eu converse com seu marido, que o oriente sobre suas necessidades, que lhe diga em que ele tem estado errado nos cuidados com ela e com o filho. A demanda é, em suma, de que eu faça por ela todo o trabalho emocional que não consegue fazer, que a carregue no colo.

Ainda que, por vezes, seja possível e até necessário flexibilizar o dispositivo analítico para acolher momentos de regressão muito acentuada, penso que sempre há um limite – de cada analista, ou de cada par – que, se for ultrapassado, pode tornar inviável a instalação ou a restauração de um processo analítico. Com Laís, em particular, o limite me é dado pelo espaço físico do meu consultório. Os telefonemas, os pedidos de sessões extras, a não utilização do divã e a movimentação pela sala dificultam mas não impedem que eu recupere, a cada vez, as condições da minha escuta. O esforço de Laís, sem dúvida movida pelo medo de conhecer seu próprio espaço psíquico, dirige-se a mostrar-me na realidade externa a única versão de sua vida que, embora dolorosa, ela pode suportar. Um atendimento domiciliar corresponderia, neste caso, a aceitar literalmente sua demanda de confirmar a causalidade exterior e visível de suas queixas e poderia neutralizar, talvez de modo irreversível, as possibilidades de instalar a situação analítica e sua virtualidade. Permaneço no consultório, aguardando-a para as sessões. Ela falta diversas vezes e telefona muito, nos seus horários e fora deles, procurando, talvez, verificar se continuo lá, se nosso vínculo não se rompeu, antes de se decidir a retornar.

Uma tarde, vem particularmente ansiosa para uma sessão extra. Teve mais uma das muitas discussões com o marido por alguma coisa em que ele não pôde ou não concordou em atendê-la. Chega à sessão formulando o propósito de ir embora com o filho, voltar para o seu país, pois não vê mais perspectivas de ser feliz. Não pode sobreviver no Brasil sem a ajuda do marido. Em sua terra tem a família, conhece as pessoas e sabe como ser útil e se manter. Não quer ficar atrapalhando a vida de ninguém, seu tratamento é caro, não há quem a ajude. As falas não são novas, mas há uma intensidade diferente na sua maneira de repeti-las que torna a sessão mais inquietante do que de costume. Após escutá-la por certo tempo, a inquietação toma forma, recorrendo a fragmentos assustadores de um filme que assisti há alguns anos. São cenas de *Alien, o oitavo passageiro*, em que um ser alienígena incuba seus embriões em hospedeiros humanos e estes filhotes, para nascer, rasgam o ventre das vítimas. Retirado acidentalmente de seu *habitat*, o *alien* luta para sobreviver e procriar, transbordando de ferocidade. Penso num bebê voraz que devora o ventre materno para que ele não possa gerar outros bebês. Versão *science-fiction* do imaginário kleiniano, os fragmentos do filme que me ocorrem ao ouvir Laís dão forma ao ódio intenso que ela procura conter a cada vez que se defronta com a impossibilidade de ver atendida sua demanda de vínculos fusionais e com a necessidade de realizar seu próprio trabalho psíquico. É do seu ódio, então, que Laís não quer saber e é por isso que não pode permitir que a situação analítica se instale. Figuras de pesadelo ocupam o espaço do sonho.

Refletindo sobre complicações psicoterápicas da clínica psicanalítica, Pierre Fédida refere-se a situações nas quais fracassam as condições regulares apropriadas para que se estabeleçam o silêncio e a dissimetria necessários ao trabalho da análise. Para alguns pacientes, a escuta analítica é insuportável, talvez porque, em certa medida, sua instauração permite a reprodução de situações de extremo sofrimento diante de um outro que é sentido como impassível. Nestes atendimentos, como ocorre com Laís, a tônica das falas do analisando é a invocação repetitiva da realidade, da consciência de solidão e de fracasso e a recusa de ser escutado, "como se aquilo que pudesse curá-lo fossem as qualidades pessoais e a compreensão afetiva do analista. Neste caso, trata-se claramente de fazer do analista o objeto ausente que supostamente faltou e de solicitar dele *resposta a necessidades vitais* das quais se sustenta a demanda".[8] A hipótese de Fédida é de que, nestes casos, "*o paciente coloca a questão da análise sob a forma de um desafio radical:* como se se tratasse de destruir a linguagem no analista para que ele se engaje corporalmente na troca".[9] Entretanto, quando a premência presente na fala resulta no afastamento do referencial e na tendência à comunicação e à familiarização na relação, a reação negativa se intensifica ainda mais, pois a sensação é "de ter obtido do analista aquilo que se demandava sem que qualquer melhora se produza".[10] A compreensão, em seu sentido humanitário, torna a escuta impotente para reconstruir pela linguagem a capacidade de simbolizar a ausência que não se constituiu nestes pacientes gravemente deprimidos. Trata-se então, acompanhando as ponderações de Fédida[11], de fazer do trabalho analí-

---
8. Fédida, P.: "Do sonho à linguagem", em *Nome, Figura e Memória...*, op. cit., p.23.
9. Idem, p.28.
10. Ibid. p.27.
11. Ibid. p.26-28.

tico a oportunidade de constituição do sentido simbólico da troca, do acesso ao seu valor metafórico, da relação corporal à linguagem. A linguagem na análise pode realizar a tarefa de produzir sentido que coube aos gestos corporais do adulto diante do desamparo infantil, se ela puder recuperar-se dos momentos de desregulação da escuta que atingem a atenção flutuante e restaurar, a cada vez, a distância e a dissimetria necessárias para o surgimento da virtualidade. Na situação analítica há um tempo de engendramento da interpretação, um momento fecundo que é regulado pela distância justa na qual se mantém a fala do paciente. *"A fala da interpretação conhece subjetivamente este momento fecundo se ela não tiver esquecido o sonho, que é seu paradigma.* Conteúdo, forma e tempo da interpretação fazem parte um do outro. Nas psicoterapias difíceis, este tempo de engendramento é atacado, assim como é atacada a linguagem à qual ele pertence".[12]

O tempo de engendramento da interpretação é também o tempo do surgimento das imagens e de sua colocação em figuras. Intervalo de escuta flutuante e receptiva e de renovação da linguagem do analista para que ela possa encontrar, em ressonância com a fala do paciente, sua potência de metáfora. Para alguns, como parece ser o caso de Laís, este intervalo é sentido como uma separação insuportável, trazendo de volta o desamparo pela ausência do objeto que, justamente, o analista é chamado a presentificar. Nestas condições, é particularmente difícil para o analista, diz Fédida, conseguir as condições em que sua fala "seja escutada à distância da qual se instaura o sentido inconsciente".[13]

Os óculos escuros que cobrem constantemente os olhos de Laís, protegendo-a de sentir-se interrogada pelo meu olhar, não impedem que meu devaneio associativo deles se aproprie, imaginando-os como telas voltadas para dentro nas quais ela, prisioneira, assiste à incessante repetição de cenas fixas como as do sonho traumático. Semelhantes a tampões oculares, eles a protegem mas também impedem-na de ver. Laís é cega, refém da repetição. São úteis aqui as elaborações de Pontalis a respeito da reação terapêu-

---
12. Ibid. p.29.
13. Ibid. p.24.

tica negativa, que Menezes[14] retoma para refletir sobre estes casos em que o analisando, fechado em seus "cenários-sintoma", desperta no analista uma inclinação para ocupar uma posição reparadora. Não se trata, por certo, de recusar ou negligenciar a intensidade traumática do sofrimento que a realidade pode ter infligido ao analisando, as catástrofes que o atingiram. Mas é preciso, ainda assim, estar atento aos efeitos de "defesa pela realidade" pelos quais, como afirma Pontalis, citado por Menezes, "a única mudança reconhecida como válida seria uma mudança operada na realidade". O analista encontra-se então numa situação particularmente difícil, atingido em sua própria função, nestes casos em que "a realidade ocupa inteiramente o campo da fantasia e da representação". As reflexões destes dois autores acrescentam-se às de Fédida, que mencionei pouco antes, dando suporte à minha elaboração *a posteriori* dos penosos momentos vividos na análise de Laís. É de Pontalis, novamente citado, a formulação que resume a problemática sob o ângulo que venho investigando: "o acesso ao figurável requer, por vezes, uma longa permanência em um doloroso enfrentamento com o que não tem nome, nem figura".

Após quase um ano de atendimento, Laís interrompe suas sessões. Toma a decisão pouco tempo depois da mudança do meu consultório para um novo local. Em minha nova sala, a disposição dos móveis não permite que ela utilize a cadeira de rodízios para ficar junto à janela e esta recebe cortinas, pois dá para um pequeno jardim recém-plantado. A sala é acolhedora mas Laís, que soube da mudança com bastante antecedência, coloca defeitos em tudo. Sente-se desalojada e volta a pedir que eu a atenda em sua casa. Penso que, talvez, a mudança e a nova disposição da sala operem como uma insistência adicional para que nos instalemos numa situação mais *interiorizada* que ela não pode aceitar. Ao mesmo tempo, a realidade externa mais uma vez sustenta seus argumentos. Os negócios do marido passam por uma grave crise e muitas despesas, entre elas a análise, precisam ser cortadas. Sou informada, tempos depois, pela colega que a medicava, que a família deixou o país para um período de trabalho no exterior.

14. Menezes, L.C.: "Além do princípio do prazer, a técnica em questão". In Alonso, S. e Leal, A . M . S. (org.), *Freud: um ciclo de leituras, op. cit.*, p.265.

"De novo nos deparamos com a importância do fator quantitativo e outra vez devemos pensar que a análise só pode lançar mão de quantidades de energia definidas e limitadas que irão medir-se com as forças hostis. E parece que a vitória se encontrará de fato, como regra geral, do lado dos batalhões mais fortes."[15] A observação de Freud, em "Análise terminável e interminável", expressa o reconhecimento dos limites que as resistências a mudanças profundas impõem à prática psicanalítica. Contudo, a rendição do paciente à repetição, que tantas vezes se materializa no abandono da análise, coloca-se antes como questão que mobiliza o pensamento do que como motivo de desistência ou simplificação do método. A resposta de Freud à comunicação de Dora de que aquela será sua última sessão ilustra a postura que, desde o início de sua prática ele sempre irá manter face às dificuldades: "Você sabe que pode interromper o tratamento quando quiser. Por hoje, vamos continuar a trabalhar."[16]

A dor de pensar

Casos como o de Laís convocam a reflexão psicanalítica a continuar seu trabalho em torno de problemáticas tão complexas no campo da clínica contemporânea quanto foram para Freud as questões suscitadas pelo fracasso com Dora. Tratava-se, na ocasião, de reconhecer a ação da transferência e de incluir tal conhecimento no método. Trata-se, na atualidade, de continuar a trabalhar os impasses produzidos pelo que "escapa à atividade representativa, de maneira a poder dar algum sentido ao que se apresenta como pura dor, disruptiva e paralisante, ou, ainda, a tornar pensável o impensável". As ponderações de Menezes vêm novamente ao encontro do que aqui me interessa considerar. Por vezes, como ele observa acompanhando Freud em *Além do princípio do prazer*, quando o aparelho psíquico encontra-se muito fragilizado, é necessá-

---

15. Freud, S.: "Análise terminável e interminável", in *Obras Completas, op. cit.*, vol. III, p. 3355.
16. Freud, S.: "Análise fragmentária de uma histeria", in *Obras Completas, op. cit.*, vol. I, p. 992.

rio, para pô-lo em marcha, um trabalho preliminar de *ligação* que não é o mesmo pelo qual se articulam e movimentam as representações-coisa e as representações de palavras em dinâmicas menos atingidas por vivências traumáticas. O que está em jogo não é a elucidação e ruptura de encadeamentos de representações recalcadas, mas um trabalho anterior que é da natureza de uma "neogênese de sentido".[17]

Solicitado pela exigência de trabalho que lhe é imposta pelas excitações pulsionais, o aparelho psíquico processa-as continuamente, produzindo representações que se articulam em complexas tramas de sentidos. Por vezes, a solicitação ultrapassa a capacidade de metabolização do aparelho e este entra em colapso, desorganiza-se ou, para evitar danos maiores, trava o processo. A seqüência inicial do jogo do carretel é evocada por Menezes como suporte para pensar em situações da clínica nas quais o analista é apenas utilizado como coisa para ser jogada, objeto material desprovido de sentido ou função, por longos períodos em que ainda não é possível encontrar metáforas que tragam a dor à palavra. Os demais tempos do jogo, o ir e vir do carretel preso ao barbante e o acréscimo das expressões verbais (*fort-da*), refazem o caminho da ligação, passando gradualmente do gesto à linguagem. Na análise, cada tempo da seqüência pode ser um ponto de partida, mas o aparelho psíquico só estará plenamente instalado quando o pensamento, afinal, der conta do impulso ao ato. Por outro lado, ao excesso que, vindo de fora e insistindo em ser incluído, pode pressionar a atividade representacional a ponto de danificá-la, acrescenta-se ainda uma tendência, vinda do interior do próprio aparelho, que atua contra a instauração do pensamento. Uma tendência ao esvaziamento, "à morte do desejo e mesmo do desejo de desejar". A pulsão de morte contrapõe-se ao trabalho de ligação e age alimentando um ódio de si que "atinge a própria atividade de pensamento em sua gênese".[18]

---

17. Menezes, L. C.: "Além do princípio do prazer, a técnica em questão", in Alonso, S. e Leal, A. M. S. (org.), *Freud: um ciclo de leituras, op. cit.*, p. 271.

18. Idem, p. 271.

Ganham então importância, como ressalta Menezes, os desenvolvimentos de autores que, mobilizados por pacientes nos quais mal se encontrava o próprio desejo de ter vida psíquica, dedicaram-se a examinar mais profundamente os primórdios da atividade representacional e assim, trabalhando nos limites da metapsicologia, puderam expandir seu alcance. Em todos, a presença do outro, a resposta materna, é crucial para a instauração ou restauração da atividade do aparelho, para abrir caminho em direção à atividade psíquica, à representação e à linguagem. O *holding* materno e a importância do espaço potencial, em Winnicott, assim como a capacidade de *reverie* pela qual, segundo Bion, a mãe oferece ao bebê o seu próprio "aparelho de pensar pensamentos", são concepções surgidas em resposta a esta clínica das fronteiras. As formulações de Piera Aulagnier, por sua vez, referentes à gênese e às modalidades da "atividade de representação", são particularmente enriquecedoras no contexto de uma reflexão sobre as dificuldades que o trânsito entre o impensável e o pensável coloca ao funcionamento psíquico não somente do paciente mas também do analista que o acolhe.

"Nossa construção não pretende ser um novo modelo do psiquismo: sua ambição é de voltar a dar acesso a uma parte do que havia sido deixado de lado". O propósito de Aulagnier refere-se claramente a uma retomada do modelo de aparelho psíquico construído na metapsicologia freudiana para nele incluir novas possibilidades derivadas da experiência psicanalítica face à psicose.[19] O alcance destes questionamentos ultrapassa, como seria de se esperar, a problemática da qual se originou, podendo ser estendido a outras situações-limite da clínica. Ao invés de restringir-se a abordar o discurso psicótico a partir de suas carências, seu *a menos* em relação ao funcionamento de um aparelho regido por relações de significação, a revisão metapsicológica empreendida por Aulagnier propõe incluir no modelo uma etapa anterior à constituição deste funcionamento. Trata-se de pensar, paradoxalmente, o que é pré-existente ao próprio pensamento. O que aflora na clínica da psicose possibilita que se formule uma concepção particular de *processo ori-*

---

19. Aulagnier, P.: *La violencia de la interpretación. Del pictograma al enunciado.* Buenos Aires, Amorrortu, 1975, p.15-17.

ginário, uma modalidade inicial de atividade psíquica que permanece inacessível embora existente em todo o sujeito, como um "fundo representativo" que persiste paralelamente aos dois outros modos de produção psíquica, o processo primário e o processo secundário.

O encontro contínuo do ser humano com um meio físico e psíquico coloca-o diante de exigências sempre antecipadas em relação aos recursos de que dispõe para acolhê-las. A atividade de representação, equivalente psíquico do processo orgânico de metabolização, consiste em transformar elementos heterogêneos ao aparelho em material homogêneo que possa participar de sua dinâmica. Em resposta a estas solicitações, desenvolvem-se três processos distintos, que assimilam e inscrevem a experiência de acordo com modos próprios de funcionamento e dão origem a três modalidades de produção psíquica. A respeito do processo originário, Aulagnier formula hipóteses que pressupõem uma concepção da relação psique-corpo fundada no que, do funcionamento sensorial e corporal, é tomado por empréstimo pelo psíquico como modelo para seu próprio funcionamento. Ignorando a imagem de palavra, este primeiro processo recorre à imagem de coisa corporal para dar forma a uma produção psíquica inaugural, o *pictograma*. Ao processo originário acrescentam-se o processo primário, que produz a representação cênica da fantasia e ainda o processo secundário, que se inscreve pela representação ideativa. Os processos surgem numa sucessão temporal e tudo indica que o intervalo entre o início do processo originário e o início do processo primário seja muito breve. É também enfatizado que a instauração de um novo processo não implica na desativação do anterior: "Todo ato, toda experiência, toda vivência dá lugar, conjuntamente, a um pictograma, a uma colocação em cena e a uma produção de sentido. Do pictograma, o sujeito não pode ter qualquer conhecimento, *mas o analista pode entrever alguns dos seus efeitos e tentar construir um modelo acessível ao Ego*; ao contrário, a colocação em cena própria do primário, da qual é testemunha a produção da fantasia, tem o poder de infiltrar-se no campo do secundário, embora este último esteja dominado pelo trabalho de produção de sentido originado pela instância chamada Ego."[20] Encontra-se, nesta formu-

---
20. Idem, p.18. (grifo meu)

lação, a possibilidade de que a escuta do analista acolha e dê figurabilidade não somente aos efeitos da infiltração dos processos primários no campo do secundário, o que os coloca ao alcance da interpretação, mas que possa também ter acesso e dar alguma forma sensível aos efeitos dos processos originários que se manifestam com mais intensidade nas situações-limite da clínica, os quais poderão ser objeto de um trabalho de construção.

A atividade de representação consiste em metabolizar e interpretar o existente por meio destes três processos. Assim, o processo originário interpreta o existente como o que é auto-engendrado pelo próprio aparelho, sua produção pictográfica ; o processo primário interpreta ou representa o existente como efeito do desejo e em torno dele se organiza a fantasia; o processo secundário, por sua vez, interpreta o existente como efeito de causas inteligíveis que poderão vir a ser conhecidas e representadas por um enunciado. A produção psíquica que resulta de cada processo expressa não só o que ele metabolizou mas também sua modalidade específica de interpretação da experiência, de modo que, em seu conjunto, a atividade de representação é ao mesmo tempo interpretação do que rodeia e atinge o aparelho e também é o modo de representar seu próprio funcionamento.

Existe uma relação direta entre a continuidade da atividade de representação e a economia libidinal. Representar implica numa experiência de prazer que é condição necessária para a continuidade da vida psíquica. "É este", diz Aulagnier, "o prazer mínimo necessário para que existam uma atividade de representação e representantes psíquicos do mundo, inclusive do próprio mundo psíquico".[21] Entretanto, não se pode negligenciar a incidência paradoxal da dualidade pulsional sobre a atividade de representar, manifestando-se pela cisão do desejo e pela força de uma vertente contrária cujo propósito é o apagamento do próprio desejo, "a extinção de todo objeto que possa suscitá-lo, o que determina que toda representação do objeto se apresente como causa de desprazer".[22] Reencontramos aqui a problemática a que

---

21. Ibid. p.28.
22. Ibid. p.29.

Menezes se referia, relativa ao ódio de si e ao "desejo de não ter que desejar", bem como as dificuldades que ela oferece ao trabalho analítico. Navegando contra a corrente ou enfrentando "os batalhões mais fortes", não é fácil a tarefa de manter a análise no percurso que, como sugere o título de Aulagnier, vai "do pictograma ao enunciado".

"Viver é experimentar de forma contínua o que se origina numa situação de encontro: consideramos que a psique está submersa desde um primeiro momento num espaço que lhe é heterogêneo, cujos efeitos padece de forma contínua e imediata. Podemos propor, inclusive, que é através da representação destes efeitos que a psique pode forjar uma primeira representação de si mesma e que este é o fato originário que põe em marcha a atividade psíquica".[23] Para a autora que continuo a acompanhar, tanto a psique quanto o mundo passam a ter existência, constituem-se reciprocamente, a partir deste estado de encontro que se dá, inicialmente, entre o espaço corporal da criança e o espaço psíquico materno. O processo originário dará forma inaugural ao que implica as qualidades de prazer ou desprazer desta experiência. Por sua vez, a atividade do processo primário terá início em decorrência da necessidade de reconhecer a extraterritorialidade, a existência de outros espaços além do próprio corpo. A tarefa do processo secundário, finalmente, consiste em reconhecer que a relação entre os elementos dos diferentes espaços pode ser definida e significada por um discurso. A possibilidade de um objeto ou experiência vir a inscrever-se por cada um destes processos, sua "representabilidade", segundo Aulagnier, depende da capacidade específica de cada processo para apropriar-se de elementos exógenos e transformá-los, de acordo com suas próprias modalidades de atividade. Assim, na continuidade do encontro entre a psique e o mundo, diversas experiências poderão ser metabolizadas pelos três processos, enquanto outras tantas permanecerão restritas ao processo primário ou ao originário e, certamente, haverá acontecimentos que ficarão excluídos de qualquer transformação.

As produções da psique materna, principalmente o discurso que a mãe lhe dirige a seu próprio respeito, apresentam-se à criança

---

23. Ibid. p.30.

como uma experiência excessiva, antecipada em relação à sua capacidade de apropriar-se dos seus significados. É então um discurso identificante, por meio do qual ela irá formar suas primeiras representações de si mesma, desde o início sujeita a efeitos que lhe escapam, o que dá a esta experiência o caráter de uma violência definida por Aulagnier como *violência primária*.[24] Trata-se, contudo, de uma ação necessária para preparar o acesso aos modos de organização e de funcionamento capazes de sustentar a vida psíquica, o que implica em pôr em movimento os processos primários e alcançar os processos secundários. É essencial ultrapassar o regime do princípio do prazer e investir o funcionamento do aparelho de modo que ele possa fazer frente à tendência ao esvaziamento, à pulsão de morte. Mais adiante, a partir de um certo limiar, o desejo e a atividade de pensar poderão adquirir suficiente autonomia em relação a esta ação necessária e ao outro que a exerce. Quando este limiar não é atingido e ao regime inicial de necessidade sobrepõe-se o regime do desejo do outro, caso particular da psicose mas que também está presente em outras modalidades de alienação, como pode ocorrer na paixão ou na submissão maciça a uma ideologia, o que se verifica é o efeito de uma *violência secundária* que expropria do sujeito o direito ao seu próprio desejo, à sua própria vida.

 A contribuição de Aulagnier, bastante difundida nos debates psicanalíticos, permite pensar a função da linguagem em situações-limite da clínica nas quais não se instauraram as condições que possibilitam o trabalho analítico da interpretação. A linguagem, nestas situações, é chamada a promover a ligação, a "neogênese", exercendo na análise um papel correspondente ao da violência primária necessária para dar sustentação à atividade de representar, mantendo a perspectiva de que, mais adiante, esta atividade passe a produzir fantasias e enunciados próprios. Em tais condições, é possível que a função imaginativa do analista esteja tão sujeita aos efeitos do processo originário e da produção pictográfica, quanto estaria, em condições mais propícias, disponível às transformações das representações a à infiltração do processo primário no processo secundário. Para examinar mais de perto

---

24. Ibid. p. 33.

esta possibilidade, é preciso ter em mente que todo o conhecimento a que se pode chegar a respeito do processo originário e de sua modalidade de produção resulta de uma atividade de construção *a posteriori*, a partir dos indícios de que se apresentam sob o regime dos outros processos. As condições que regem a produção pictográfica, bem como suas propriedades, são suposições do que seria visto por "um hipotético e impossível olhar se lhe fosse dado contemplar o pictograma".[25]

O que Aulagnier designa como pictograma tem como referência a vivência alucinatória da unidade boca-seio pelo bebê, nos breves momentos em que perdura sua eficácia. A produção de uma alucinação, atividade do processo originário, é o recurso psíquico de auto-regulação que visa reestabelecer o equilíbrio rompido pelo surgimento, no corpo, de uma necessidade ou falta que é sentida como experiência de sofrimento. Assim, ignorando a necessidade e o corpo, apresenta-se desde estes primórdios o desejo de deixar de desejar, voltado ao estado de quietude inicial que a psique deseja reencontrar. A atividade pictográfica é, então, a primeira resposta do aparelho psíquico "à exigência de trabalho que lhe é requerida como conseqüência de sua ligação com o corporal", conforme a definição de pulsão enunciada por Freud. É regida pela identidade de percepção ou, segundo Aulagnier, pelo postulado do auto-engendramento, pelo qual a criação psíquica é equiparada à realidade externa. Para produzir o pictograma, o processo originário "toma emprestados" como modelos os modos de excitabilidade e de prazer já experimentados pelas superfícies sensoriais do corpo e o estado afetivo ligado a esta produção mantém-se indissociável dela mesmo quando a experiência alucinatória é diferente, até oposta, à experiência corporal vivida no mesmo momento. O prazer obtido pela vivência alucinatória pode então, durante certo tempo, ignorar o desconforto corporal causado pela fome.

A produção pictográfica dá forma a um esquema relacional que a psique impõe à experiência de complementaridade entre uma zona corporal e um objeto, entre a excitabilidade e o prazer, "primeira metabolização da relação psique mundo e da relação da

---

25. Ibid., p. 50.

própria psique com suas produções".²⁶ O pictograma não deve ser entendido como a imagem totalizada que se dá a ver na alucinação, mas antes como um arranjo – em certa medida um desenho – de traços carregados de intensidade que se transportam à imagem. Aulagnier o compara a uma escritura psíquica por hieróglifos corporais e é bem evidente que, embora não as mencione diretamente, sua concepção do pictograma evoca a noção de traço tal como é pensada por Freud desde seus primeiros trabalhos - desde o *Projeto* e dos traços de impressões sensoriais, os *Wahrnehmungszeichen* da carta 52, até os primeiros registros da tópica do capítulo VII - bem como as formulações a respeito do eu real originário introduzidas em "A pulsão e seus destinos". A imagem na qual se transportam os indícios da atividade pictográfica originária é produzida pela atividade do processo primário e penso que pode ser entendida, segundo o que Freud esclarece ao abordar a recordação encobridora, como uma retradução dos traços sob forma plástica e visual.²⁷ No caso particular da alucinação, esta retradução em imagem é acompanhada pela intensidade perceptiva que lhe confere o caráter de uma experiência presentificada mais intensa do que a recordação. Como a produção pictográfica é uma exigência do aparelho para que qualquer fenômeno possa ter existência psíquica e ser incluído na dinâmica representacional, esta atividade do processo originário constitui-se de fato como um "fundo representativo" em criação constante que sempre estará subjacente aos mais complexos processos do pensamento. Penso que das elaborações de Aulagnier é possível depreender, então, que a força de atração do visual a que Freud atribui o privilégio dos impressões visuais no registro das lembranças infantis, e à qual ele remete a predominância das imagens visuais no sonho, recobre e ao mesmo tempo deixa transparecer por indícios certa *força de atração do originário*, o que não é indiferente a uma compreensão da escuta psicanalítica que, mesmo em situações-limite da clínica, continue a tomar o sonho como paradigma.

---

26. Ibid., p. 59.
27. A respeito destas noções freudianas, ver neste trabalho o Estudo II, p.57-58 e o Estudo III, p.69-70.

Mas, como sabemos, a produção alucinatória é fugaz. A persistência da necessidade gera um desmentido e uma tensão, introduzindo o desprazer que acompanha o trabalho de dar forma a uma nova produção pictográfica ou de recorrer a outros processos mais eficazes, como o choro, visando à satisfação na realidade. "Tudo ocorre como se ter que representar, como corolário de ter que desejar, perturbasse um dormir anterior, um antes ininteligível para nosso pensamento, no qual tudo era silêncio...o amor à representação é o revés, mas também o corolário, do ódio à necessidade que dá testemunho da existência de um espaço corporal autônomo."[28] A atividade psíquica é, assim, desde a origem, ambivalente em relação à sua própria produção. Volto aqui a pensar em Laís, em sua peregrinação pelos consultórios médicos, em sua aderência e sua destrutividade em relação ao próprio corpo, em sua resistência a qualquer produção associativa nas sessões e no bebê *alien* que "alucinei" ao ouvi-la, dando forma sensível, a um só tempo, ao seu ódio ao objeto que não podia recuperar e ao aparelho/corpo no qual se manifestava sua ausência. Mais uma vez, cito Aulagnier: "Estranho destino o do corpo, e pleno de conseqüências: de fato, o corpo, ao mesmo tempo que é o substrato necessário para a vida psíquica, o provedor dos modelos somáticos aos quais recorre a representação, obedece a leis heterogêneas às da psique. Estas, no entanto, deverão impor sua exigência e obter uma satisfação real. Deste modo, o corpo aparecerá em um primeiro momento ante a instância psíquica, como prova irredutível da presença de outro lugar, e assim como objeto privilegiado de um desejo de destruição. Mas também é certo que, se a vida prossegue, o corpo, como conjunto de órgãos e de funções sensoriais graças às quais a psique descobre seu poder – de ver, de ouvir, de saborear e de tocar – converte-se em fonte e lugar de um prazer erógeno, que permite que alguns de seus fragmentos sejam investido de imediato pela libido narcisista a serviço de Eros."[29] Tal é a natureza da aposta em que a escuta analítica se encontra implicada nos momentos críticos da clínica.

---

28. Aulagnier, P.: *La violencia de la interpretación...*, op. cit., p.45.
29. Idem, p. 46.

É na continuidade destas elaborações que me parece pertinente evocar a recomendação de Freud em *O Ego e o Id*[30], e não negligenciar o retorno aos restos visuais, recurso pelo qual com freqüência se expressa a função imaginativa do analista – sua "escuta formadora de figuras", como diz Fédida – relacionando-o não somente ao acesso à consciência de representações recalcadas, mas também a expansões da metapsicologia que incluam a atividade nas fronteiras do aparelho óptico-psíquico na gênese constante de seus elementos. A regressão do analista em escuta flutuante, a disponibilidade de sua memória inconsciente, coloca a serviço da constituição da situação analítica, homóloga ao aparelho, não apenas sua capacidade de renovação da linguagem – no interior da dinâmica das representações, quando esta pôde se estabelecer – mas também sua própria potência de criação e construção, nos casos em que esta dinâmica mal se constituiu ou se encontra muito destruída. Se o retorno à imagem é, como sustentava Freud, a volta às percepções que são a matéria prima do pensamento, *trata-se então de recomeçar a cada vez, com o que tiver restado, tantas vezes quantas forem necessárias*. Nestas condições, a figurabilidade está presente não apenas como "transposição de meio de expressão" entre os processos primários e os secundários, mas também como colocação em forma sensível – *Darstellung* – de infiltrações dos processos primários por sinais dos originários e mesmo na própria constituição do "fundo" sobre o qual irão tomar forma as representações.[31]

Em situações-limite da clínica, a escuta figural do analista pode estar a serviço da *apresentação* de indícios mínimos e fragmentados do que foi até então impensável, talvez mesmo do próprio ódio de si (o *alien*) que atinge o funcionamento do aparelho. É longa a espera por oportunidades de nutrir com tais figuras uma fala que se quer interpretativa, destinada a implementar alguma elaboração. A elasticidade da técnica e a inventividade pessoal do analista são recursos que certamente se fazem necessários ao enfrentamento com for-

---

30. A este respeito, ver neste trabalho a Introdução, p.3 e ss.

31. Associo a esta possibilidade o sentido da noção de figura em Lucrécio, que Auerbach menciona em seu ensaio, sentido pouco difundido que se refere às pequenas partículas elementares cuja reunião faz nascerem as coisas do mundo. Ver, neste trabalho, p. 24.

ças que agem sem fazer ruído e para reverter seu trabalho de desligamento em ponto de partida para novas ligações.[32] No entanto, talvez a atividade figural que continua a manifestar-se no analista seja, nestes casos difíceis, com suas imagens quase sempre carregadas de angústia, o reduto possível no qual se preserva sua capacidade de pensar e de sustentar a vida psíquica, para si e para o analisando, não cedendo o desejo à morte.

"A imagem visual", diz Fédida, "não é uma cópia da coisa, ela torna a coisa à linguagem. É nas sensações confusas que trazemos ao nascer que a linguagem deve reencontrar suas fontes, caso ela queira preservar para si a força do nome."[33] A escuta pelas imagens contribui para preservar na análise a chance de que alguma atividade psíquica, embora em seu estado mais elementar, possa manter-se e restaurar, pouco a pouco, o pensamento. Não basta, por certo, que o analista permaneça capaz de sonhar ou de ter pesadelos à cabeceira do divã. É necessário chegar às palavras. Contudo, se não é o caso de contentar-se com a manutenção da função imaginativa, é essencial poder sustentar-se nela nos momentos em que a morte ronda a linguagem.

Francis: a desinstalação

Por um breve instante, seus olhos me fitam. Um momento fugaz e já os desvia, mesmo antes de me cumprimentar e rapidamente dirigir-se para o divã. Faz o oposto de outros que, ao me encontrarem à porta da sala no início de cada sessão, procuram prolongar o face a face até que eu, instalada em minha poltrona, deixe de estar ao alcance dos olhos. Francis olhava-me muito atentamente no início, na época das primeiras entrevistas e sessões, sen-

---

32. Uma reflexão bastante enriquecedora a este respeito foi desenvolvida por Alcimar A. de Souza Lima e colaboradores em *Pulsões. Uma orquestração psicanalítica no compasso entre o corpo e o objeto*, Petrópolis, Ed. Vozes, 1995. Ver especialmente o capítulo IV.

33. Fédida, P.: "A ressonância atonal. Sobre a condição de linguagem do analista". In *Nome, figura e memória,..., op. cit.*, p.191.

tado à minha frente. Depois de algumas semanas foi para o divã e, desde então, ao chegar e ao sair, tem sido assim. Ele passa por mim e o olhar é também um olhar de passagem.

O silêncio inicial parece mais longo do que de costume. Ele o rompe dizendo-me que, justamente, estar ali em silêncio é, neste dia, o tema de sua reflexão. Pergunta (a mim ou a si mesmo?) se a sessão deve ser preenchida com suas palavras ou basta que ele ali esteja, imerso em seu pensamentos, para que a análise aconteça. Digo-lhe que ele pensa numa sessão que se assemelhe, em sua forma, à gravura com que me presenteou há poucos dias.

Na ocasião, foi com entusiasmo que me descreveu o trabalho. Viu nele o efeito inesperado e muito importante de uma seqüência de sessões em que diversos aspectos de suas problemáticas haviam se movimentado: a ruptura com suas origens, sua relação com a figura feminina e com a arte, e o relacionamento com a namorada com quem planeja casar-se em breve. Ao contrário de muitos artistas, Francis não teme que a análise prejudique sua arte. Procura-me a fim de atravessar as dificuldades que o impedem de apropriar-se mais concretamente tanto de sua vida pessoal quanto de sua produção artística, para conduzi-la como um ofício. Culto e sensível, freqüentemente ele estabelece conexões entre sua atividade e a minha, seu lugar de artista e o meu, de psicanalista. Temas como o virtual da tela e o das sessões, o preço do trabalho, o tempo de uma produção, a ética e o acabamento de uma obra já estiveram presentes em nossas conversas, fazendo parte tanto de seu empenho em me aproximar de si quanto de tornar mais simétrica a própria situação das sessões.

Francis tem alunos de gravura e pintura e em suas aulas introduz discussões filosóficas, indica leituras, procura transmitir um compromisso com a arte que passe por um processo de construção reflexiva de cada um. Trabalha entre as telas e os livros. Tem dúvidas sobre a maneira como o procuram, percebendo em muitos casos outras demandas e um certo fascínio que sua opção pela arte exerce sobre as pessoas. De origem humilde, perdeu a mãe no final da infância e não se recorda de seu rosto em situações vividas, apenas por fotografias. Sua pouca escolaridade foi complementada por sua voracidade na leitura e, mais tarde, por um professor de filosofia que teve em sua vida um papel de mestre e mentor intelectual. O aprendizado lhe deu acesso à convivência com pessoas de padrão social e cultural mais sofisticado, que o convidam para suas casas e preenchem muitas de suas necessidades materiais, presenteando-o com o que ele precisa. Quase não lida com dinheiro, cobra o mínimo por suas aulas e faz trocas, oferecendo suas gravuras aos amigos que têm lojas de roupas, sapatos, ao amigo dentista e ao médico. Interroga-se sobre os motivos das pessoas para procurá-lo, para provê-lo e aceitar as trocas. Há afeto das pessoas por ele ou trata-se de uma necessidade delas de estar com alguém que vive um estilo de vida nada convencional e que se torna, ao ser mantido por perto, a parte exótica, não assumida, de cada um? Percebem o homem, a pessoa que ele é? O que percebem e o que querem dele?

No início da análise, Francis me propõe – era de se esperar – o pagamento com gravuras. Peço-lhe um tempo para refletir e, depois de alguns dias, apresento-lhe a ambigüidade que ele próprio introduz com sua proposta, já que justamente o que o inquieta em seus relacionamentos é o interesse das pessoas por sua atividade e seu estilo de vida. A arte é sua identidade mas também seu encobrimento, motivo de suas dúvidas. De início, ele fica desconcertado. Procuro mostrar-lhe com delicadeza que a análise é demanda sua, motivada por algo que lhe falta encontrar ou saber a respeito de si mesmo. Ele se dá conta, surpreso, de que seu estilo de vida poupa-o de perceber suas necessidades já que se torna, ele mesmo, necessário para os outros. Não recaindo nesta condição de simetria, a análise pode pô-lo em contato com vivências que, até então, não faziam parte de sua vida. É um risco. Ele teme não conseguir recursos para manter a análise, como não sabe se irá conseguir fazer de sua arte um meio de vida. Combinamos finalmente um valor que eu posso aceitar e que ele pode pagar desde que peça a seus alunos, por sua vez, um valor mais realista por suas aulas. Daí por diante, a análise toma o rumo de uma gradual transformação da vida virtual que Francis levava em vida real. Brincalhão, tempos depois ele compara a situação analítica a uma "instalação" como as que os artistas contemporâneos costumam criar para grandes exposições. Entendo pouco do assunto, mas digo-lhe que as instalações são desinstaladas ao final de algum tempo. Ele define, então, a análise, como *um longo trabalho de desinstalação*.

A gravura trazida por Francis, evocada na sessão que introduz meu relato, foi um presente, após alguns meses de análise, e sua criação foi vista por ele como efeito do trabalho analítico. Mostrou-a logo no início da sessão em que a trouxe. No canto inferior esquerdo do trabalho, sua intervenção consistia numa série de rabiscos irregulares, bem marcados, acompanhando o ângulo formado pelas bordas do papel. Rabiscos indo e vindo continuamente, na vertical e na horizontal, o ângulo entre eles cada vez menos acentuado, até chegar a ser quase uma linha curva, tendendo a preencher aquele canto. O restante do trabalho era vazio, ou melhor, *era todo o espaço que ele deixara em branco* e que, no processo de impressão da gravura, transportara para o papel *as marcas antigas*, riscos, arranhões e irregularidades do metal da própria matriz. O efeito causado pelo encontro daquelas marcas, esmaecidas e soltas no papel, com a força dos rabiscos de Francis, e pela atenuação progressiva dos traços até formarem uma curva, era de impacto e abertura. Ao mesmo tempo bela e instigante, a gravura suscitou-me associações diversas que preferi calar, sem deixar, no entanto, de manifestar meu prazer por tê-la recebido.

É a lembrança desta gravura, sua impressão visual, que me ocorre quando Francis, divagando, interroga-se sobre as palavras e o silêncio na análise. A curva que seu corpo forma acompanhando o ângulo do meu divã sobrepõe-se, num relance, à lembrança da gravura. Pensamentos talvez flutuem por ali, como as marcas antigas espalhadas no papel. Apenas menciono a gravura, sem lhe contar, é claro, minha breve alucinação.

Um intervalo após meu comentário e ele resolve: "Quer eu fale ou não do que estou pensando, o fato é que os pensamentos, as palavras, já estão aqui. Se é possível dizer tudo, então não tenho porque não te contar". E continua: "Estava pensando em algo que tem a ver com você e com este lugar. Só é possível falar assim a teu respeito porque, quando esta porta se fecha, aqui é um lugar onde tudo pode ser falado. É só isso e é tudo isso... Então posso dizer o que sinto quando vejo você e como é grande o meu prazer com isso. Gosto do contraste da sua pele clara com seu cabelo e de ouvir sua voz. Gosto do modo como você se veste. Não sei se você sabe, mas seus vestidos são perfeitos para você, fica muito bonita com eles". A fala de Francis é serena e pausada. Parece estar escolhendo as palavras. Eu lhe digo que há muitas maneiras de falar de amor.

Mais fluente, ele prossegue: "Eu te fiz mesmo uma declaração, não foi? Uma declaração de amor pela mulher que eu vejo quando vejo você. É diferente do amor que tenho pela Tânia, que eu amo, desejo, toco, e com quem vou me casar. Se aqui não fosse o lugar da minha análise e você não fosse minha analista, sentada aí atrás na sua poltrona, eu não poderia fazer esta declaração do amor que tenho por ver você. Eu amo te ver".

A sessão termina e Francis se vai, como de costume: um "obrigado" e um olhar fugaz. A caminho da copa para um café, alisando meu vestido, lembro-me de Zoé Bertang, a jovem que, no romance de Jensen longamente comentado por Freud, acompanha o delírio amoroso de seu amigo Norberto, até que ele se recorde e a reconheça. O pé levemente flexionado no movimento de um passo é o traço singular pelo qual Norberto a toma por outra, a Gradiva, a jovem do baixo-relevo pompeiano. A quem empresto, no devaneio de Francis, meu tom de pele, minha voz, meus vestidos? Semanas depois, ele volta ao tema: "Você é sóbria, discreta. No entanto, combina suas roupas de um modo em que parece não haver separação, distância alguma entre seu corpo e seus vestidos. É como a pintura e a tela. Você pinta com suas roupas, mas a pintura é você mesma, não te esconde. As roupas te cobrem mas elas são você, como tua pele". Também me conta, mais adiante, que suas telas são cobertas por camadas sucessivas de tinta. Pinta cabeças, não corpos, e as vai pintando umas sobre as outras, descascando-as a seguir, de modo que partes das primeiras sejam vistas por entre as últimas. Efeitos inesperados surgem deste procedimento que pode repetir-se muitas vezes em cada tela...Uma versão singular de *Dorian Gray* parece tomar forma na inquietante estranheza desta sucessão de cabeças descascadas...

"Este paciente quer fazer de sua análise, e mesmo de sua analista, uma obra de arte", diz-me Fédida, quando lhe narro, em um seminário clínico[34], alguns fragmentos da análise de Francis. No prosseguimento da construção conjunta pela qual vamos dando forma ao caso, surgem reflexões que se articulam ao meu interesse pelo funcionamento do dispositivo analítico em referência ao paradigma do sonho, mesmo em situações nas quais, como ele observa, "estão em jogo posições identificatórias tão inaugurais que o próprio paciente descarta direções transferenciais". Nestas situações, cada vez mais freqüentes na clínica contemporânea, não se trata de determinar o sintoma ou identificar o conflito intrapsíquico. Estão em jogo as posições teóricas e técnicas do analista, bem como sua identidade para si mesmo, uma vez que o paciente utiliza aspectos corporais e incorporais do analista para poder regredir. Em tais condições, a identidade do analista não deve ser desenhada por falas que indiquem a sobreposição de imagos muito definidas, pois o paciente ainda está tateante, como uma criança que começa a organizar o mundo a partir de suas sensações, e o próprio corpo do analista, sua presença física, é tomado como material elementar para vivências de natureza quase alucinatória. Poder desmaterializar o analista e poder reencontrá-lo recomposto ao término da sessão é a condição destas análises.

Francis, então, procura me transformar naquilo que é sua realidade corpórea, a pintura, a tela, suas tintas. Como num sonho, ele me faz desaparecer e com os fragmentos da minha corporeidade se materializam outras figuras. Entendo, assim, o olhar tão atento no início da análise, substituído mais adiante pelo olhar de passagem, no início e no final de cada sessão. Fédida comenta ainda que a qualidade da presença do analista é a de uma transparência à qual, em seus primeiros trabalhos, Freud se refere como *alucinação negativa*. Esta noção volta a estar presente justamente no trabalho sobre a Gradiva, de que me lembrei após a sessão. É esta transparência, esta *desrealização* do analista, que permite ao analisando reinventar seus pensamentos e representações ali onde o tecido psíquico encontra-se rompido. O rosto da mãe, desaparecido, é o que Francis escava

---

34. Por ocasião de uma das vindas de Fédida ao Brasil, em outubro de 1996, surgiu a oportunidade de apresentar-lhe este caso em um seminário clínico. Agradeço a Manoel Berlinck e a Maria Cristina Magalhães pela acolhida e aos colegas presentes por suas valiosas participações. Para a confecção deste texto, utilizei minhas anotações daquela reunião.

sob as camadas de tinta que revestem suas telas. Um rosto e um olhar que lhe devolvam o reflexo de seu próprio rosto. O que os outros procuram ou vêem nele é urdido nas faltas de cada um. O que ele procura, por sua vez, é o espelho do olhar materno.

Ao contrário de Laís, que não podia sonhar, toda a vida de Francis, seus relacionamentos, seu trabalho são, a seu modo, produções oníricas nas quais ele se instala. Assim como a realidade para Laís, a virtualidade pode ser, para Francis, uma defesa que o preserva do trabalho do luto. Uma "bolha", uma vitrine, como chega a me dizer um dia, na qual permanece protegido das mazelas e angústias que afligem as outras pessoas. Ser artista libera-o de muitos compromissos e ninguém estranha suas atitudes. Fala de um mito que criou para si mesmo e que precisa desconstruir para ter uma vida real. A chegada de um amor em sua vida, um projeto de casamento, suscitam indagações sobre o que fez de sua história e como dar continuidade ao que parece ter ficado em suspenso. Ao mesmo tempo que começa a experimentar situações comuns no cotidiano de um homem jovem que, pela primeira vez, pensa no futuro, Francis faz da análise um ateliê onde pinta e descasca as camadas, construindo e movimentando fragmentos do que pode ter sido sua história, da qual julgava não precisar. Este ateliê da análise circunscreve a dimensão onírica de suas vivências, permitindo-lhe construir aos poucos, lá fora, a vida real. Na análise/ateliê, ele encontra suas tristezas, dores, revoltas e vergonhas, tanto quanto as brincadeiras de rua e o cheiro do café com leite que a mãe lhe preparava na volta da escola. Nada comento quando, numa sessão já no segundo ano, conta que ela pertencia a uma religião que só lhe permitia usar saias ou vestidos, nem quando ele evoca a professora favorita, o clássico primeiro amor, que lhe transmitiu no ginásio algumas noções de francês. Continuará a me desmaterializar e a me recompor, tantas vezes quantas forem as invisíveis destinatárias da sua narrativa. Quase três anos após ter chegado, Francis, já casado, tendo aprendido a trocar fusíveis, pechinchar o condomínio e fazer supermercado, muda-se para outra cidade e começa a apresentar seu trabalhos a algumas galerias. A seu pedido, indico-lhe uma nova interlocutora.

A possibilidade de figurar a análise como um ateliê no qual Francis escava as camadas em busca de si mesmo e também produz o novo, no qual são visíveis marcas antigas como as que aparecem em sua gravura, me ocorre meses depois dos comentários de Fédida, quando eu já os havia "esquecido". Assim, penso que puderam fazer seu trabalho sem se impor excessivamente à minha escuta posterior à supervisão. Sem dúvida, há nesta figuração a ressonância daqueles comentários, mas há também o tempo de um intervalo no qual outras situações foram vividas nas sessões e, de sua elaboração, pôde surgir esta construção que me permitiu constituir uma escuta propícia à singularidade deste analisando. Não sem percalços, nem sem extravios, pois houve também os momentos em que Francis parava de pintar ou desenhar, na análise e fora dela, e se punha a filosofar, enredando-nos em intelectualizações atordoantes que nem sempre se deixavam reconhecer como elementos oníricos, como uso imagético das palavras, conforme os exemplos que Freud descreve na *Interpretação dos Sonhos*.

Algumas reflexões de Pontalis a respeito do sonho vêm, *a posteriori*, enriquecer a figura do ateliê, como uma maneira peculiar de conceber a situação analítica sugerida por este relato clínico. O sonho comporta uma dimensão objetal tão importante quanto sua dimensão espacial, à qual são assimilados o espaço psíquico e o espaço analítico. Como objeto, propicia ao sonhador satisfações narcísicas e estéticas e, ao ser relatado na análise, pode estar a serviço de uma cumplicidade, do compartilhamento com o analista de algo a ser analisado em conjunto, na alternância sensorial da vista e do ouvido. "Mas resta sempre uma distância entre o sonho posto em imagens e o sonho posto em palavras", lembra Pontalis, distância que presentifica uma ausência, um resto "nunca alcançado pelos signos". Permanece uma incerteza que é também, paradoxalmente, um conforto, no intervalo entre os objetos internos e as exigências da realidade. A relação que se tem com o sonho como objeto participa dos seus efeitos, dos benefícios que dele retira o analisando, e deve ser considerada pelo analista. Para Pontalis, "o sonho como objeto na análise faz referência ao corpo materno", sendo um recurso para tentar "manter a união impossível com a mãe, preservar uma totalidade indivisa, *mover-se num espaço ante-*

rior ao tempo."³⁵ A vitrine, a bolha onírica em que Francis se preserva e que procura instalar em suas sessões, não é estranha a estas considerações...

A dimensão espacial do sonho, por sua vez, mantém, para Pontalis, uma relação estreita com a noção de espaço tal como este se coloca na pintura, um espaço sob o primado da visualidade. "O sonho é o que torna visível, dá seu lugar de visível, ao já visto que se tornou invisível", diz ele, referindo-se tanto às imagens quanto à tela do sonho, à superfície ou lugar necessário para que possam surgir as representações visuais. Existe, a seu ver, uma profunda homologia entre o trabalho do sonho e o trabalho do pintor. Como a pintura, o trabalho do sonho opera por uma lógica própria que supõe condições preliminares à sua instauração como realização de desejo. Para que o sonho possa realizar seu trabalho é necessária a atividade de ligação a que Freud se refere em *Além do princípio do prazer*; é preciso, ainda, que se constitua o espaço psíquico propício ao funcionamento dos seus processos. Pontalis observa que, assim como um certo recurso à realidade pode existir como defesa em relação à virtualidade que se constituiria no espaço da análise, também se pode entender certa modalidade de presença e valorização do sonho como "um cuidado em *demarcar limites ao inconsciente* – como se ele pudesse ser alojado em algum lugar – cuidado ao qual o sonho efetivamente corresponde, de circunscrever numa *forma* o *processo primário*".³⁶

Francis não me relata seus sonhos, mas sua "instalação" onírica não deixa de buscar e, por vezes, de produzir este efeito de captura pela forma que é também uma delimitação, fazendo de seu estilo de vida algo interessante a ser examinada em conjunto comigo. Neste sentido chega a ser semelhante, em muitos momentos, a outros pacientes que, contando sonho após sonho, fazem do convite incessante à interpretação uma modalidade de defesa. A análise transcorre, assim, no ir e vir deste movimento em que sou, por vezes, convidada a estar no ateliê como uma visitante – de fato, ele chega, um dia, a formular tal convite – a quem é permitido

---

35. Pontalis, J.-B.: "Entre le rêve-object et le texte-rêve", in *Entre le rêve et la douleur, op. cit.*, p. 24-27.
36. Idem, p. 30. (o primeiro grifo é meu)

olhar com certa admiração cuidadosa as obras em andamento do artista e o lugar em que ele trabalha, e outros momentos, mais fecundos, em que tanto a sessão quanto minha presença transformam-se no espaço e no material de sua produção, e então podemos pensar e falar a respeito. A linguagem participa do descascamento, do reconhecimento das marcas, da criação de novos desenhos. A análise de Francis é regida por uma oscilação permanente entre o objeto virtual oferecido ao olhar, algo a ser contemplado em sua suspensão, tocado com cuidado para não se desfazer, e a virtualidade como experiência vivida na própria situação analítica, como movimento de transformação e surgimento de novas modalidades de produção. Paradoxalmente, as prosaicas, e para ele tão inéditas, produções de uma história pessoal e de uma vida cotidiana temporalizada e real.

Estudo V

De interpretar sonhos e encontrar cogumelos

> "O conhecimento científico é sempre a reforma de uma ilusão"
> Gaston Bachelard

"Quando meu pai descobria um exemplar perfeito de uma espécie de cogumelo, ele se precipitava em sua direção e o cobria com seu chapéu; em seguida emitia um sinal agudo com um pequeno apito que trazia no bolso do colete, o que servia para reunir ao seu redor o pequeno séquito. Nós acorríamos e papai esperava que estivéssemos todos lá para levantar o chapéu e deixar-nos examinar e admirar o achado."[1]

A lembrança de infância de Martin Freud é aqui o ponto de partida para uma reflexão a respeito do modo de produção do pensamento de seu pai, dos processos que o singularizam e enriquecem e de como eles participam da construção de sua teoria. Lidando com um objeto que não se dá a ver diretamente, a teoria psicanalítica não dispõe dos recursos usuais de observação e descrição e, para tornar perceptíveis e comunicáveis suas descobertas, precisa recorrer às comparações, às metáforas e às analogias. Freud as recorta dos diversos campos da cultura que se mesclam e integram em sua formação, das observações que recolhe do seu próprio dia a dia, do convívio familiar, das suas atividades preferidas, bem como de suas leituras diversificadas e observações de viagens. O uso freqüente de imagens serve-lhe para dar forma às intuições que emergem de sua clínica, às reflexões que lhe ocorrem pela escuta diária de seus pacientes e pela investigação de seu próprio inconsciente, seus sonhos, lapsos e associações, até onde

---
1. Mijola, A .: *Les mots de Freud*. Paris, Hachette, 1982, p.7.

lhe permite o avanço de sua auto-análise. O cultural, o patológico e o pessoal – o passado da humanidade, o do analisando e o seu próprio – fornecem a tripla via de um método intelectual que, como observa Lydia Flem, "procura abrir para o universal a singularidade individual graças às referências culturais e evidenciar a subjetividade das figuras da cultura", dissipando neste duplo movimento a distinção entre o normal e o patológico.[2] O retorno à imagem, o trabalho da figurabilidade, está presente nestas duas direções do pensamento de Freud, ou seja, não apenas como objeto de uma reflexão que o define enquanto modo de expressão do sonho também ativo na escuta do analista e no surgimento da interpretação, mas ainda como recurso de produção da própria teoria, fornecendo a dimensão sensível das construções auxiliares e das metáforas que sustentam as primeiras aproximações a uma descoberta e participando mesmo da formulação dos conceitos mais complexos.

Levar seus filhos para andar pelos bosques, colher morangos silvestres e ensiná-los a distinguir os diferentes tipos de cogumelos é uma das atividades preferidas de Freud em suas férias. Estes passeios fazem parte de sua rotina diária no mês de agosto de 1899, passado em Berchtesgaden, onde ele escreve parte da *Interpretação dos sonhos*. Fliess recebe regularmente cartas[3] que incluem a descrição do local tranqüilo em que ele escreve, "uma grande sala com vista para a montanha", e dos momentos de lazer com a família, inclusive das caminhadas com as crianças das quais a lembrança de Martin é um bom exemplo. Incumbido de revisar e criticar o livro, o amigo recebe também sua provas gráficas e relatos sobre o andamento do trabalho, além de confidências sobre as apreensões e expectativas do autor quanto às repercussões de sua publicação. O texto, por sua vez, revela a atividade de um pensamento que se defronta com as dificuldades de abordar um objeto rebelde aos métodos habituais de investigação, que requer do investigador o recurso à sua própria subjetividade, à imaginação, às vivências do cotidiano, à sua bagagem cultural e a uma boa dose de ousadia para alimentar sua criatividade científica. O inconsci-

---

2. Flem, L. : *O homem Freud. O romance do inconsciente*, op.cit., p. 2-3.

3. Freud, S.: *As origens da psicanálise*, in *Obras Completas*, op. cit., vol. II, p. 3624-3626.

ente é um território que impõe regras singulares a quem se dispuser a desbravá-lo e encontra em Freud um explorador à altura. É da tensão que se instala entre a natureza deste objeto e as características pessoais de Freud, sua audácia de investigador e capacidade de produzir na ambigüidade, que nasce o saber psicanalítico.

A escrita sempre teve grande importância na vida do criador da psicanálise e recebe da construção da teoria o convite mais oportuno para se manifestar plenamente. Antes de mais nada, Freud escreve pelo prazer de ver surgir com as palavras a trama do seu próprio pensamento. Vê-lo tomar forma por meio da escrita para a seguir dirigi-lo a um interlocutor é o desejo que alimenta desde cedo sua intensa correspondência e que encontra na escrita teórica seu terreno mais propício. Nesta modalidade de *pensamento pensante*,[4] o compromisso com a ciência associa-se aos efeitos de uma inspiração que encontra no estilo literário um modo de revelar com precisão e ordem os caminhos e o produto da reflexão, mas sem desrespeitar a natureza de seu objeto. A escrita toma então a forma de um terceiro gênero, o da "ficção teórica"[5], resultado de um modo bastante pessoal de movimentar-se entre diferentes espaços de pensamento, "de migrar do visual para o virtual, do cotidiano para o especulativo, de misturar ciência e autobiografia, de ocupar, num vai-e-vem fecundo, duas posições que sua formação de pesquisador o convidava a separar definitivamente: uma posição de cientista e uma posição de artista."[6] A conjugação destas duas posições nas elaborações e na escrita de Freud confere à psicanálise, desde sua origem, senão sua especificidade, ao menos uma característica marcante entre os demais campos do saber, um traço de originalidade que lhe dá cidadania na cultura.

Naquele agosto de 1899, então, Freud conduz o leitor por um "passeio imaginário" em que é possível acompanhá-lo em suas mar-

---

4. Flem, L.: *O homem Freud...*, op. cit. ,p. 226. A expressão é utilizada por Flem no mesmo sentido em que é sugerida por Mahony. Ver, neste trabalho, Estudo I, p. 37.

5. Idem, p. 165.

6. Ibid., p.144-145. O trânsito entre estas duas posições não é nada fácil para Freud, que freqüentemente procura marcar as diferenças entre o artista e o cientista. Flem aborda este desconforto de Freud mais adiante em seu livro, (p. 191) e o assunto é tratado extensamente por Noemi M. Kon, em *Freud e seu duplo*, op. cit.

chas por florestas e montanhas, voltando a seguir para a escrita onde prossegue a "caminhada teórica", povoada de metáforas extraídas de suas paixões, entre elas a arqueologia, a literatura e... os cogumelos. "A *Interpretação dos sonhos* é concebida como uma viagem, um passeio onírico ao seio dos desejos arcaicos e edipianos da infância; é uma volta à paisagem materna."[7] Entre as condições impostas pelo inconsciente para se deixar investigar está a que coloca como ponto inicial da aventura a vida psíquica do próprio investigador. Os sonhos relatados no trabalho são os do próprio Freud, que em diversas oportunidades ao longo da obra justifica tal procedimento, assim como em outros momentos lamenta ter de limitar, em nome da discrição, suas interpretações. Somente nove anos após as férias em Berchtesgaden, ao prefaciar a segunda edição do livro, em 1908, Freud irá admitir que ali se encontrava o fragmento de sua auto-análise que correspondia à sua reação à "perda mais dilacerante da vida de um homem", causada pela morte de seu pai.

A duplicidade délfica

É entre a paisagem materna e o tributo ao pai que Monique Schneider[8] interpõe sua valiosa leitura da *Interpretação dos sonhos*, não hesitando em embrenhar-se - ela mesma uma ousada exploradora - nos meandros dos conflitos freudianos, em aspectos nos quais a obra é, inegavelmente, uma formação do inconsciente de Freud. Acompanhando a produção da obra, seus impasses e movimentos, Schneider traz à tona a tensão entre as operações pretendidas por seu autor e aquelas que o surpreendem nas curvas do caminho, nas quais freqüentemente se vê conduzido pela natureza de seu objeto e às quais ora cede, ora resiste.

Refletindo sobre a presença da visualidade ao longo do texto freudiano, Schneider assinala que assim se sustenta e se expressa a concepção de um aparelho destinado a desvelar as paisagens psíqui-

---

7. Ibid., p. 145.
8. Schneider, M.: *Père, ne vois tu pas...?* Paris, Denoël, 1985.

cas, sem que se interrogue sua participação na constituição de tais paisagens nem tampouco a natureza do próprio aparelho. Uma "ilusão panorâmica"[9] é o fundamento da confiança de Freud na possibilidade de desvendar o sentido dos sonhos e impede-o de considerar as conseqüências do fato de que o aparelho é produto de sua própria imaginação teórica. O aparelho é inicialmente concebido como um instrumento que, por um jogo de reflexos, como o microscópio ou a luneta, fornece imagens do psíquico à visão de um investigador preservado em sua exterioridade. Em contraponto a esta posição – na qual a análise é fonte ativa de uma luminosidade que penetra nos abismos obscuros do sonho – apresenta-se a possibilidade de uma revelação que se oferece diretamente ao sonhador, sugerida numa carta (12.06.1900) em que Freud comunica a Fliess seu desejo de que se pudesse vir a fixar em Bellevue uma placa assinalando o fato de que, naquele local, "o segredo do sonho *revelou-se* ao Dr. Sigmund Freud". Herdeiro intelectual tanto do romantismo quanto do cientificismo, Freud oscila entre acolher o sonho como revelação inspirada à receptividade do próprio sonhador ou utilizá-lo como objeto de um modelo objetivante que participa de uma operação de conhecimento. Embora acabe privilegiando a segunda possibilidade, ele não pode impedir por completo que a tendência preterida continue a se manifestar, particularmente nas características singulares de sua escrita. Assim, observa Schneider, a teoria psicanalítica surge de "uma colaboração entre o sonho e a vigília, entre aventura literária e projeto científico"[10]. Apesar de submetido às exigências de um imaginário cientificizado, o sonho – uma vez que lhe é dada a palavra, pois dele provém o que deve ser interpretado – pode ainda perturbar os critérios da ciência.

Embora já tenha passado pelo colapso da sua *neurotica* e tenha descoberto a plasticidade da memória, Freud demora a se dar conta de que o sonho, assim como a sessão, é uma situação catalizadora de redescobertas e reconstruções que se tornam possíveis por meio de uma "transferência sobre o lugar"[11]. No sonho, como na sessão, o

---

9. Idem, p. 7. (grifo meu)
10. Ibid., p.10
11. Ibid., p.13.

infantil *se instala e atualiza, produzindo cenas imaginárias* que dão forma "ao transbordamento do dizer sobre o dito", ao que escapa na insuficiência inevitável das palavras. A potência do sonho como aparelho óptico segundo o modelo objetivante é posta em questão pela proliferação de seus reflexos que mostram, inesperadamente, não só o material que se oferece à investigação, mas também o próprio funcionamento da operação analítica e ainda as operações psíquicas do investigador. O que se dá a ver na *Interpretação dos sonhos* é, segundo Conrad Stein, a quem Schneider se refere, a aventura da produção da obra, além das relações de Freud com seus pacientes e consigo mesmo como paciente privilegiado.[12] À ilusão visualisante e panorâmica, contrapõe-se um aparelho seletivo e criador do próprio material cuja análise ele possibilita. A realidade psíquica é produzida no interior do aparelho que é o único instrumento potente para sua investigação. No lugar de um jogo de reflexos entre espelhos que produz do lado de dentro a imagem do que está do lado de fora, como qualquer instrumento óptico, o aparelho imaginado por Freud *produz figurações* e se constitui também como produto de sua própria visualidade, surpreendendo seu inventor com visões de sonho e deslocando-o, afinal, de sua fascinação de ver.

A concepção tópica do aparelho, sugere Schneider, permite emoldurar as operações interpretativas e delimitar o espaço do trabalho analítico. Com esta construção, Freud procura dar conta de uma mobilidade e de uma pluralidade de traçados que, aparentemente caóticos, podem ser ordenados de acordo com uma linearidade, em encadeamentos de sentidos. Em suas primeiras concepções, o ato interpretativo é solidário de uma localização e de um alinhamento que resgata o psiquismo da desorientação e do desamparo. "A instauração da linearidade interpretativa corresponde a uma operação geométrica" e a vigília permanece como referência deste ordenamento, sem que ao registro noturno seja reconhecida qualquer característica original e criadora.[13] Nos primeiros tempos da teorização, como Schneider observa, Freud trabalha mais com a noção de desejo, *Wunsch*, que tem em alemão

---
12. Ibid., p. 16.
13. Ibid., p. 26.

uma tendência bem mais vetorizada do que suas traduções, ao contrário da pulsão, *Trieb*, bem menos determinada e mais difícil de inscrever sobre um eixo. A pulsão, que irá tornar-se mais presente a partir de 1915, escapa desta primeira geometria que permite orientar a operação interpretativa, enquanto o desejo, tal como é pensado na *Interpretação dos sonhos*, permite traçar sua direção rumo à redescoberta de antigos objetos de satisfação.

A ênfase na linearidade pode ser entendida como um esforço de Freud, em nome de sua herança iluminista, de estender o instrumental da racionalidade até limites que sempre foram considerados fora do seu alcance. Em contrapartida, surgem também posições que revelam a influência romântica, como a inspiração repentina, a *Einfall* que tem participação significativa no trabalho analítico. Entretanto, "se o modo de captura das 'idéias' toma emprestado o método do romantismo – ou sua deliberada ausência de método – o tratamento dado às idéias assim convocadas manifesta um retorno maciço da inspiração mais clássica à mais racionalista". Trata-se, como acentua Schneider, de dominar os fenômenos oníricos e de fazê-los "andar na linha".[14] Em trabalhos posteriores estas primeiras posições irão se flexibilizando e se entrelaçando na obra de Freud, mas ainda assim não se deve atribuir às suas oscilações iniciais um caráter apenas defensivo, de hesitação ou falta de ousadia. A produção analítica é tão conflitual quanto os processos psíquicos que ela tenta esclarecer e, neste sentido, é preferível considerar este vai-e-vem como "inerente ao trabalho analítico e à potência de negação que anima todo processo cognitivo criador".[15] O movimento constante entre as tendências presentes na elaboração freudiana não deve ser objeto de uma escolha ou decisão, pois é em sua continuidade, em sua tensão produtiva, que reside a originalidade do pensamento e do método psicanalítico.

A linearidade é, portanto, um dos elementos em contraste num movimento essencialmente bifásico em que se alternam, no pensamento de Freud, dois modelos interpretativos que põem em jogo

---

14. Ibid., p. 29.
15. Ibid., p. 32

diferentes concepções de sentido e de lugar. Ao modelo linear corresponde a visão panorâmica, o encontro dos elos que organizam os encadeamentos, os sítios altos e luminosos de onde se descortinam as paisagens, como o que é descrito na introdução ao capítulo III: "Quando, por uma estreita passagem, desembocamos de repente em uma altura da qual partem diversos caminhos, de onde se nos oferece um variado panorama em diversas direções, havemos de nos deter por um momento e decidir para onde devemos voltar primeiro nossos olhos".[16] Sua contrapartida são as cenas obscuras, as penumbras como a que introduz o capítulo VII, narrando o conhecido sonho do pai que é despertado pela criança cujo corpo ele vela com a pergunta "Pai, não vês que estou queimando?"[17]. A visão se encontra, por vezes, turvada pela obscuridade, limitada em seu alcance. A possibilidade de se formular um outro modelo capaz de operar nesta condição não é explicitamente enunciada, mas não deixa de se fazer sentir, quase de passagem, em dois momentos da obra, no capítulo II e no capítulo VII, em que Freud menciona o umbigo do sonho, o ponto pelo qual ele se liga ao desconhecido. Sobre estes dois comentários, suas inserções no texto, suas aproximações e diferenças, Schneider tece elaborações que os situam como figuração de um limite, reconhecimento de um lugar ameaçador, inviolável à interpretação, ponto a ser deixado nas sombras e também ponto germinativo, local de indiferenciação e nascimento.

A primeira menção ao umbigo do sonho encontra-se numa nota de rodapé acrescentada à interpretação do sonho de Irma, no capítulo II: "Suspeito de que a interpretação desta parte do sonho não avançou o bastante para chegar a todo o seu sentido oculto. Mas, se eu prosseguisse na comparação entre as três mulheres, me desviaria muito do tema principal. Todo sonho apresenta pelo menos um fragmento insondável, como um umbigo pelo qual se encontra ligado ao desconhecido."[18] A nota está referida à passagem do sonho em que Irma finalmente abre a boca para se deixar examinar. Evoca, segundo Schneider, uma necessidade de não inter-

---

16. Freud, S.: *A interpretação dos sonhos*, cap. III, in *Obras Completas, op. cit.*, vol. I, p.422. (grifo meu)
17. Idem, cap. VII, p. 656. (grifo meu)
18. Ibid., cap. II, p. 415.

venção, de não penetração no espaço abissal de uma mulher desconhecida, indicando a resistência do sonhador que se defronta com a interdição do incesto, interpretação sugerida por Anzieu em seu livro sobre a auto-análise de Freud. Neste sentido, o lugar ligado ao nascimento é também um abismo inexplorável, no limite do irrepresentável, mas pelo peso da interdição e não por falta de alcance da potência interpretativa do aparelho. A interpretação poderia prosseguir se não implicasse numa transgressão.

Com a segunda referência, inserida no capítulo VII, as coisas não se passam da mesma maneira. No parágrafo que a antecede, Freud discute os limites da interpretabilidade dos sonhos em termos de um confronto de forças do qual o intérprete sempre sai vencedor, pelo menos no que diz respeito à convicção de que o sonho tem um sentido mesmo que não se possa alcançá-lo completamente. A formulação é também diferente da primeira: "Nos sonhos melhor interpretados somos obrigados a deixar na sombra determinado ponto, pois percebemos que é um foco de convergência das idéias latentes, um nó impossível de desatar que, além do mais, não acrescenta outros elementos ao conteúdo manifesto. Este é então o que podemos considerar o umbigo do sonho, ou seja, o ponto pelo qual ele se acha ligado ao desconhecido. As idéias latentes descobertas na análise não chegam a atingir um limite e temos de deixá-las perder-se por todos os lados no tecido reticular de nosso mundo intelectual. De uma parte mais densa deste tecido ergue-se o desejo do sonho, como um cogumelo de seu micélio."[19] Na leitura de Schneider, esta segunda referência introduz a concepção de uma potência germinativa que torna inesgotável o trabalho interpretativo e que o remete a um limite, um tecido reticular no qual a linearidade se dissolve. Já não é a resistência que está em causa, e sim a insuficiência do aparelho diante de uma potência geradora impenetrável, um nó que se prolifera e não se permite desembaraçar. O umbigo já não é um abismo, mas um tecido materno indiferenciado de onde nasce o desejo. Na segunda citação fica evidenciada uma passagem, a partir de um certo ponto da

---

19. Citado em Schneider, M., *Père, ne vois tu pas...?*, op. cit., p.35. Na edição espanhola das *Obras Completas*, que venho utilizando, a tradução omite a referência ao cogumelo e ao micélio.

análise de todo e qualquer sonho, da linearidade geométrica para uma topografia totalmente diferente, inacessível à interpretação. Entre as duas citações a relação é de sobreposição, segundo Schneider, pois juntas elas dão a ver a complexa dimensão do materno encoberta no pensamento de Freud neste momento de sua auto-análise e da elaboração do texto. Sobrepostas, as duas menções ao umbigo do sonho revelam uma indiferenciação materna originária, ao mesmo tempo fonte de perigo e de nascimento, que deve permanecer obscura e interditada ao olhar e ao conhecimento. Das lendas e da mitologia grega, Schneider destaca o santuário de Delfos, local em que, na Antigüidade, situava-se o umbigo da Terra. Ergueu-se ali um templo dedicado ao culto de Apolo,[20] que se manifestava por meio de oráculos, mas no mesmo sítio havia existido, num passado mais remoto, o santuário de um culto matriarcal e arcaico, do qual restou justamente o ônfalo, a pedra oracular. As menções ao umbigo do sonho no texto de Freud são indicações desta *duplicidade délfica* que se expressa pelo retorno, em meio ao avanço apolíneo da linearidade interpretativa, de um espaço originário materno, "um espaço que desafia toda veleidade de *Entscheidung* (determinação), concedendo assim um lugar discreto a um regime analítico que permite o retorno ao culto materno considerado arcaico".[21]

A figura do umbigo expressa, por certo, a presença do inanalisável, do irrepresentável, se o trabalho psicanalítico for pensado como um procedimento que deve levar ao esclarecimento, à linearização e à solução de enigmas. Entretanto, Schneider sugere que esta univocidade talvez não seja a única possibilidade contemplada por Freud para seu método, pois isso corresponderia a ignorar, na exploração freudiana, indícios de um modelo que possa " funcionar como elaboração de um tecido, de uma rede, e não como puro método linear."[22] Em outros escritos de Freud esta abertura se fará

---

20. Mircea Eliade esclarece que "Apolo é o deus que revela aos humanos a via que conduz da visão divinatória ao pensamento", concedendo-lhes a sabedoria e a ciência. In *História das idéias religiosas*, Porto, Rés Ed., p.250.

21. Schneider, M.: *Père, ne vois tu pas...?, op. cit.*, p.45.

22. Idem, p. 46.

presente, como na atitude de respeitar o enigma do sorriso materno no ensaio sobre Leonardo, dando espaço a uma renúncia, embora transitória, ao gesto edipiano de tudo saber, de tudo resolver. Na leitura enriquecida pelas referências mitológicas, a paisagem silvestre evocada por Freud, "o bosque obscuro onde em silêncio se desenvolvem os cogumelos", faz pressentir um emaranhamento germinativo mas também ameaçador que talvez o incite a não se demorar, ao contrário de quando se depara com amplas paisagens vistas das alturas. Em lugar da insistência e obstinação de Édipo, sugere Schneider, "a não-intervenção é a garantia de uma permissão de vida, vida confusa e embrionária, vida próxima da fermentação, entretanto vida provisoriamente abrigada".[23]

A duplicidade délfica, sugerida por Monique Schneider em sua original leitura da *Interpretação dos Sonhos* para apreender a oscilação do pensamento de Freud entre um modelo linear interpretativo e um modelo reticular e germinativo, oferece à reflexão um amplo cenário no qual podem ser situadas diversas ambigüidades presentes em formulações freudianas, inclusive a respeito da visualidade onírica a que me referi anteriormente.[24] A definição da consideração pela figurabilidade formulada no capítulo VI, quando são descritos os mecanismos do trabalho do sonho, é claramente regida pelo modelo linear. As imagens do sonho são, neste capítulo, "uma versão das idéias latentes a outra forma expressiva", idéias figuradas visualmente que podem, portanto, ser trazidas à linguagem verbal pelo cuidadoso trabalho de encadeamento de sentidos realizado pela interpretação que é, neste momento da elaboração teórica, da ordem de uma tradução.[25] No capítulo VII, contudo, ao retomar o tema articulando-o à regressão e à identidade de percepção, Freud flexibiliza sua formulação. Sob o regime de uma força de atração do visual que colabora com o processo de decomposição das idéias latentes em seus elementos perceptivos iniciais, a figurabilidade revela também um caráter mais pulsional, indeterminado e criativo

---

23. Ibid., p. 49.
24. Ver neste trabalho, Introdução, p. 9.
25. Freud, S. : *A interpretação dos sonhos* , cap. VI, *Obras Completas, op.cit.*, p. 516.

que escapa ao modelo linear. Pode, então, ser referida à fronteira com um estado indiferenciado, espaço e tempo de transição em que se prepara o surgimento do pensamento e da linguagem, condição de início da vida psíquica, por isso mesmo precária, tensionada pela tendência ao desligamento. Substrato de tecido reticular, emaranhado originário, a imagem do micélio do qual nasce o cogumelo figura a um só tempo o limite e a matriz, o lugar de vida e de morte, o novelo pulsional de onde emerge o desejo e o lugar ao qual ele tende a retornar. A figura do umbigo do sonho dá forma sensível a um lugar de nascimento de toda a vida psíquica, um lugar que é também – no efeito de dar a ver seu próprio funcionamento que é peculiar ao aparelho[26] – *o lugar de nascimento de todas as figuras*. Neste lugar, desde seus primórdios, a vida psíquica começa a criar as formas com as quais irá se constituir, se dar a perceber e ter continuidade.

Não está ausente, portanto, do pensamento de Freud, uma concepção da *Darstellung* em afinidade com os processos inaugurais da vida psíquica. A presença materna, nestes primeiros processos, constitui-se como um ambiente, um meio protegido no qual podem surgir os primeiros elementos – apresentações – que irão se tornando estáveis e possibilitando as primeiras operações de constituição de sentido, lado a lado com as sensações e mensagens enigmáticas que inauguram a sexualidade. Em seu percurso teórico inicial, Freud não se detém nestes recantos embrionários, mas tampouco ignora sua existência. Respeitosamente, deixa-os na sombra, à espera de outros pesquisadores de cogumelos, como fazia nos passeios com seus filhos. Autores posteriores, como sabemos, desenvolverão suas reflexões a partir dos comentários, dos parênteses, das notas de rodapé, enfim, de tudo o que, mesmo brevemente, tenha sido abrigado sob seu chapéu. Nos sonhos que Freud relata em sua obra, nos movimentos e tensões que ela comporta, nos processos de construção dos seus conceitos e nas peculiaridades de sua escrita, esta vida em germinação, o substrato reticular do seu próprio pensamento, encontrará outros meios de se manifestar.

---

26. Ver, neste estudo, p. 107.

A *Darstellung* metapsicológica

Na vida psíquica de Freud, o tributo ao pai, de quem lhe veio desde muito cedo o incentivo ao desenvolvimento intelectual, convive com o apelo da sensorialidade que tem como fonte vivências infantis já exaustivamente garimpadas por seus biógrafos. De toda a produção teórica, o texto da *Interpretação dos sonhos* é certamente aquele em que os entrelaçamentos inconscientes estão mais expostos, mas outros momentos de elaboração do mesmo compromisso transparecem em trabalhos posteriores e revelam diferentes efeitos da tensão entre as tendências. Assim, é o desejo de entender a intenção de Michelangelo, a busca do sentido expresso na impressionante estátua de Moisés longamente contemplada em Roma, que se contrapõe ao fascínio que ela pode produzir. "O conteúdo de uma obra de arte me atrai mais do que suas qualidades formais e técnicas", diz Freud, no início de seu artigo de 1914. E prossegue: "Uma disposição racionalista, ou talvez analítica, se rebela em mim contra a possibilidade de emocionar-me sem saber por que e o que é que me emociona".[27] A tradução da imagem em linguagem verbal é a eficaz substituição do prazer de ver pelo prazer de saber. Trazida para o plano da reflexão sobre a cultura, a mesma dinâmica intervém na explicação da mudança da organização matriarcal para o patriarcado que Freud formula em seu ensaio tardio sobre Moisés: "A passagem da mãe ao pai também implica um triunfo da intelectualidade sobre a sensualidade, ou seja, um progresso cultural, pois a maternidade é demonstrada pelo testemunho dos sentidos, enquanto a paternidade é somente uma suposição construída sobre uma premissa e uma dedução. Ao sobrepor assim o pensamento à percepção sensorial, a humanidade deu um passo pleno de conseqüências."[28]

---

27. Freud, S.: "O Moisés de Michelangelo", in *Obras Completas, op. cit.*, vol. II, p. 1876.

28. Freud, S.: *Moisés e a religião monoteísta*, in *Obras Completas, op. cit.*, vol. III, p.3309. Um artigo de Daniel Delouya mostra como já desde sua correspondência com Silberstein, amigo de juventude, Freud privilegia a vida intelectual e preserva-se das turbulências da sensualidade e como, por outro lado, sua admiração por Goethe comporta dimensões pré-conscientes e inconscientes do desejo de harmonizar a arte e a ciência. Ver, Delouya, D.: "Sob o olhar de Goethe", *Percurso*, no16, 1996.

Trazidas de sua formação, as influências conjugadas do cientificismo e da filosofia que marcaram seus estudos universitários, e das suas preferências literárias, em particular do romantismo, fornecem-lhe o suporte cultural que, alimentado pela tensão constante entre as duas tendências profundas, permite-lhe extrapolar suas intuições do plano individual de sua auto-análise e de sua clínica para a generalidade humana e assim inaugurar um novo campo do saber. Em muitos momentos de sua vida, entretanto, Freud expressa inquietação a respeito da natureza do conhecimento que está produzindo, receoso de que a infiltração do imaginário em suas elaborações prejudique a credibilidade científica que pretende obter para a psicanálise. Homem de seu tempo, vê-se confrontado com a demarcação de territórios, bem mais rígida do que hoje, entre a intuição filosófico-especulativa, próxima da sensibilidade artística e da fruição sensorial, e o rigoroso pensamento científico regido por princípios positivistas. O que Freud nem sempre pode admitir é que seu método, a teoria que o sustenta e também seu objeto estão em profunda ruptura com a ciência médica e psicológica da época, ultrapassando a divisão dos modos de conhecimento então em vigor.

"A miragem científica, certamente, foi para Freud uma ilusão vital e mesmo fecunda"[29], comenta Castoriadis, na medida em que o levou a interrogar constantemente seu pensamento. Entretanto, tal miragem, que de resto conduz o esforço de qualquer teoria, leva-o a considerar as concepções psicanalíticas como formalizações de uma *descoberta* e a relutar em admitir sua dimensão de *criação*. A insistência em fazer reconhecer a psicanálise pela ciência e a necessidade de se justificar sempre que se entrega à especulação dão a medida de suas reticências. No pensamento de Freud existe e vigora em muitos momentos uma oposição bastante simplista entre a criação, comprometida com o imaginário e seus engodos, e o conhecimento, comprometido com a verdade, seja lá o que ela for e onde quer que se encontre. Esta oposição o impede de admitir a própria originalidade radical da psicanálise como um campo no qual emergem, nas palavras de Castoriadis, "figuras outras do

---

29. Castoriadis, C.: "Epilegômenos a uma teoria da alma que se pôde apresentar como ciência", in *As encruzilhadas do labirinto*, S. Paulo, Paz e Terra, 1997, p. 39.

pensável"[30], que não deixam de ter relação com alguma verdade. Um comentário de Mezan resume com precisão esta problemática: "Empalar a psicanálise na couraça da ciência (tal como a concebe Freud, é claro) equivale a recusar ao imaginário *o poder de fazer ser o novo*, e a murá-lo na alternativa do verdadeiro e do falso; ora, esta é a atitude constante do pensamento freudiano quando este se volta sobre seus passos e procura dar conta do que realizou *quando descobria e inventava.*" Mezan refere-se à existência de um hiato "entre o que pode ser a psicanálise e a visão redutora que dela oferece seu próprio fundador, quanto se restringe a ser um campeão da ideologia cientificista."[31]

Suspensa neste hiato, a oposição a que me referi também o impede de reconhecer a presença de uma atividade criativa, de um pensamento em formação nas imagens do sonho, que são para ele transposições visuais bem sucedidas de um latente já constituído. Contudo, assim como Freud pode dizer, a certa altura, que o trabalho do sonho "limita-se a transformar", há também momentos, como quando se refere ao "umbigo do sonho" ou à "feiticeira metapsicologia", em que o pensamento por oposição dá lugar ao reconhecimento de um trânsito e mesmo de uma *cumplicidade* entre conhecimento e imaginação criadora.[32] É nos espaços proporcionados por estas tréguas dos preconceitos de Freud em relação ao imaginário que a figurabilidade pode ultrapassar sua concepção inicial, restrita a um recurso de transposição de meio de expressão e ser também concebida como modo de tornar *visualizável e pensável* o inédito tanto no sonho, quanto na escuta analítica e na produção da teoria.

Continuando a acompanhar Castoriadis em seu esforço de elucidação da natureza do projeto psicanalítico e de seus modos de efetivação, vou encontrando elementos que se entrelaçam às minhas indagações e interesses quanto à dimensão criadora da *Darstellung*, colaborando para também elucidá-los. A essência da

---

30. Idem, p. 59 e Prefácio, p. 22.

31. Mezan, R. : "Às voltas com a história", in *Freud, pensador da cultura, op. cit.*, p. 604. (grifos meus)

32. Uma decidida contribuição ao debate sobre as posições de Freud em relação ao surgimento do novo é o artigo de Inês Loureiro, "Notas sobre o enigma do dom artístico", *Cadernos de subjetividade*, v. 3, nº 1, 1995.

ruptura realizada pela psicanálise em relação aos demais campos do saber reside no fato de que, sustentada e voltada para a clínica, sua produção "não é simples teoria do seu objeto, mas, essencialmente e antes, atividade que faz com que ele mesmo fale". O que diferencia a psicanálise é que sua produção não se funda essencialmente na intenção de saber *sobre* algo determinado *a priori*, interesse entre outros de um desejo de saber do investigador. Trata-se, como sabemos, de um conhecimento só possível *através* de uma transformação que implica não somente a clínica mas a análise e contínua autoanálise do próprio analista. É a própria situação analítica que torna possível a existência deste algo a ser conhecido e, neste sentido, a análise não é aplicação de um saber e sim "*uma atividade práticopoiética*" [33]. O movediço objeto da psicanálise é o sentido, porém enquanto sentido singular, em seu permanente movimento de produção, *apresentando-se* constantemente à apreensão tanto na escuta clínica quanto no trabalho de formalização da teoria. Assim, o surgimento incessante de representações cria o próprio processo psíquico e alimenta seu desenvolvimento e seus produtos. O poder do movimento regressivo que se instaura na situação analítica repousa sobre seu retorno a um passado que foi, em essência, criação, momento em que o presente era ainda contingente. Com clareza e poesia, Castoriadis fala da potência da regressão: "Da mesma forma, a intensidade do afeto, que acompanha essa retomada fecunda do passado como presente e a distingue de toda rememoração banal, não é simples sinal ou índice de que algo importante é *ante portas*, mas o próprio trabalho da alma em seu retorno; o que é reproduzido através disso *é a alta temperatura sob a qual se operou a primeira liga, a primeira fusão dos elementos pulsionais e representativos* e que agora permite sua dissociação". Prossegue ainda: "A essência prática da cura psicanalítica é que o indivíduo se reencontra com a origem parcial de sua história, faz gratuitamente a experiência do fazer-se não sabido como tal a primeira vez e torna-se, de novo, *origem dos possíveis* como tendo tido uma história que foi história e não fatalidade."[34] Afetação, surgimento incessante do psíquico no fluxo

---

33. Castoriadis, C.: "Epilegômenos...", in *As encruzilhadas do labirinto*, op. cit., p. 52-55.
34. Idem, p. 67.(grifos meus)

ininterrupto de (re)apresentações, criação contínua da história... Retornam nas palavras de Castoriadis os sentidos da figura que já visitei em estudos anteriores.

Há um paradoxo no projeto da psicanálise, na medida em que ela pode apreender o psíquico como produção, indeterminação criadora, imaginação radical e, ao mesmo tempo, submissa a uma concepção do saber determinada social e historicamente, aspira a construir uma teoria exaustiva destes mesmos processos.[35] Paradoxo que, na produção de cada analista desde Freud, toma a forma de um conflito entre "o investimento da coisa já pensada (e de si como 'já tendo pensado a coisa certa') e o investimento – eminentemente arriscado, pois essencialmente incerto e vulnerável – de si como podendo criar pensamentos novos (e de que sempre há a pensar além do já pensado)"[36]. Reencontra-se na reflexão teórica a tensão já mencionada, agora entre o saber *sobre* um objeto de investigação e uma atividade intelectual que se desenvolve *através* da imaginação criadora. Tal conflito é muitas vezes emudecido, amornado, por um uso cristalizado e defensivo da teoria, que então deixa de operar como parte de um processo de pensar e fazer, um trabalho de *elucidação*. Mas é Freud mesmo quem mantém elevada a temperatura, ao enfatizar a importância da especulação na conhecida passagem de "Análise terminável e interminável" na qual invoca a feiticeira metapsicologia: "Sem especulação e teorização metapsicológicas – quase diria: fantasia – não se dá nenhum passo a mais"[37]

Polêmica entre seus comentadores, esta afirmação indica claramente o reconhecimento por parte de Freud de que a imaginação tem um papel essencial em muitas de suas formulações e na atividade psicanalítica. As construções teóricas freudianas são *figuras do psíquico*, produzidas a partir de uma composição de processos imaginativos em proporções dificilmente determináveis, que ultrapassam a dimensão da fantasia propriamente individual e inconsciente de

---

35. Castoriadis, C.: "A Psicanálise, projeto e elucidação", in *As encruzilhadas do labirinto, op. cit.*, p.135.

36. Idem, p. 129.

37. Utilizo aqui a tradução de Renato Mezan em Mezan, R.: "Metapsicologia/ Fantasia", in *Figuras da teoria psicanalítica*, S. Paulo, Escuta, EDUSP, 1995, p. 37. Na edição da *Biblioteca Nueva* encontra-se "metapsicologia de las bruxas", o mesmo equívoco observado por Mezan na edição *Standard* brasileira onde se lê "metapsicologia das feiticeiras".

seu criador. O mundo psíquico não se confunde mas articula-se ao mundo social-histórico, possibilitando a passagem da fantasia individual à imaginação criadora, ao pensamento e à elucidação e assim inscrevendo a psicanálise na cultura, na sociedade e na história.[38]

Também mobilizado pela afirmação de Freud, Mezan a retoma em seu ensaio "Metapsicologia/Fantasia" e investiga cuidadosamente a presença de uma "camada fantasmática"[39] que, na condição de um substrato pessoal, alimenta a especulação e participa da elaboração da teoria. O texto segue inicialmente uma direção interpretativa, trazendo à tona movimentos internos significativos que animam a própria figura da feiticeira evocada por Freud, para depois acompanhar os processos pelos quais, de um emaranhado associativo, podem constituir-se os conceitos teóricos. Figuras imaginárias transformam-se em conceitos por um processo de elaboração no qual o funcionamento pelo processo primário, sem deixar de estar presente, é recoberto pelo processo secundário. Não é pouca coisa, como ressalta Mezan, a transformação da feiticeira, figura que encarna os aspectos envolventes e mortíferos da mãe sedutora, em metapsicologia, a referência a que se recorre face aos impasses da construção conceitual. Por um processo que, segundo o próprio Freud, consiste em sobrepor à imaginação audaz e extravagante o exercício implacável de uma crítica realista, das cadeias associativas mais pessoais podem surgir as concepções teóricas mais abstratas. De maneira análoga, a escuta do analista acolhe como material bruto as imagens que lhe ocorrem a partir da fala do analisando, tratando-as como elementos de um processo de elaboração que pode, eventualmente, dar origem a uma interpretação. O trabalho do pensamento alimenta-se deste ir e vir entre o primário e o secundário, integrando-os como duas vertentes de um mesmo processo.

Uma leitura menos atenta do texto de Mezan poderia levar à impressão de que, na medida em que enfatiza a passagem do processo primário ao processo secundário e a presença da fantasia sob a arquitetura da teoria, seu pensamento se sustenta numa con-

---

38. Castoriadis, C.: "A psicanálise, projeto e elucidação", in *As encruzilhadas do labirinto, op. cit.*, p.149.
39. Mezan, R.: "Metapsicologia/Fantasia", in *Figuras..., op. cit.*, p. 38.

cepção mais linear do que reticular, no sentido elucidado por Schneider. Não é este o caso, por certo. O trajeto percorrido pelo texto não deixa de se deter e examinar a composição do novelo de associações que fazem da feiticeira uma figura amplamente sobredeterminada. Não deixam de ser consideradas as vivências pulsionais despertadas no menino Freud por sua babá, fonte de seus primeiros conhecimentos sobre a sexualidade. Também não é negligenciado o interesse pela figura da feiticeira na cultura, interesse que torna-se significativo na medida em que, na literatura sobre a perseguição às feiticeiras na Idade Média, Freud encontra relatos de manifestações muito semelhantes às que conhece de sua experiência com suas pacientes histéricas. Mas, além destes elementos bastante conhecidos, se nos reportarmos às considerações de Monique Schneider comentadas em páginas anteriores, veremos que a dimensão reticular, o "micélio", está bem presente na "camada fantasmática" a que Mezan se refere em sua reflexão a respeito do nascimento dos conceitos. A necessidade de inscrever e elaborar vivências pulsionais, de dar forma sensível às próprias fantasias e às questões suscitadas pela sexualidade em seu psiquismo infantil, bem como o esforço de formalizar suas intuições quando, mais tarde, as mesmas questões reaparecem em suas pacientes, são tomados como "indicações", alguns fios de um tecido associativo bem mais amplo, que "tem raízes profundas *no imaginário* de Freud"[40]. Um tecido reticular e germinativo, portanto . "É justamente quando ganhamos uma noção do seu funcionamento como figuras imaginárias que nos tornamos aptos a avaliar o imenso trabalho mediante o qual elas se transformam em conceitos"[41], pondera Mezan, referindo-se à necessária rearticulação das figuras imaginárias de modo a tecer a trama da teoria. O emaranhado associativo encontra na imagem da feiticeira um elemento da cultura com o qual engenhosamente se fazer figurar e passar assim ao processo secundário e ao pensamento. Recortada de seu contexto e de suas significações habituais no imaginário social, a feiticeira faz figura no

---

40. Idem, p.43-44.(grifo meu). Cabe lembrar que Mezan é também autor de um livro cujo título é justamente *Freud: a trama dos conceitos*. S. Paulo, Perspectiva, 1982.

41. Ibid., p. 57.

pensamento de Freud, aparecendo como uma interface necessária em meio a um trabalho que é, a um só tempo, de *elaboração pessoal e criação*. A feiticeira metapsicologia torna visualizável e pensável o papel da especulação, da imaginação criadora, na sua produção teórica, justamente em um parágrafo em que ele se defronta com a dificuldade de elucidar os meios pelos quais as exigências da pulsão chegam a harmonizar-se com as aspirações do ego.

A presença da figura na articulação entre a intuição imaginativa e a construção teórica é também o tema de "A casca e o núcleo", ensaio de Nicolas Abraham que se tornou um clássico. Neste texto, a relação entre teoria e intuição é assimilada à concepção freudiana do Ego como uma superfície que, à maneira de um revestimento cortical, limita, contém e ao mesmo tempo é o meio de contato entre o interior e o exterior do psiquismo. A teoria é concebida como uma superfície, a casca, que recobre um núcleo ativo, a intuição, mas não deixa de revelar suas marcas.[42] Abraham observa que, nos discursos teóricos de outros saberes, a palavra busca recobrir a distância que a separa do seu referente, enquanto a psicanálise, instalada no terreno do impensado, depara-se com o paradoxo de não poder ocultar a natureza ilusória do encobrimento. Entre a intuição e a teoria há "uma distância que escapa à tematização reflexiva". As proposições psicanalíticas estão permanentemente suspensas numa condição de provisoriedade que é ao mesmo tempo constitutiva do seu campo e subversiva em seu modo de produzir conhecimento. Na formalização da teoria estão presentes os mesmos processos que operam em seu núcleo, em particular a figurabilidade, muito ativa na criação dos conceitos que a tornam comunicável. Sem dispor de uma linguagem própria para lidar com o inédito, a psicanálise constrói um conjunto de noções, uma linguagem teórica, tomando de empréstimo as palavras do uso comum e de outros campos do saber e subtraindo-as da convenção que regula seu uso, ou seja, dessignificando-as e transportando-as para seu próprio campo. Para transformar as palavras em conceitos, Freud as diferencia por meio de grafias e abreviações especiais, muitas vezes pelo uso de iniciais maiúsculas, como faz, por exemplo, com noção de *Ich* (Eu), depois latinizada

---

42. Abraham, N.: "A casca e o núcleo", in *A casca e o núcleo*, S. Paulo, Escuta, 1995, p.192.

para Ego. Suspensas de sua significação por uma operação de "anassemia", as palavras transformam-se em "figuras de uma anti-semântica", revelando "o próprio fundamento da significância"[43]. Operação de figurabilidade, dissolução de conexões lógicas e invenção de novas articulações, reencontro da linguagem com seu poder de criar novos sentidos ao ser transportada para um outro lugar...Como o sonho e a análise, a metapsicologia é o produto sempre provisório e inacabado de um *trabalho*.

Freud nunca perde de vista sua miragem científica e é guiado por ela que se refere à provisoriedade e também à importância dos recursos imaginários que utiliza para dar forma às suas hipóteses. Na *Interpretação dos sonhos*, o material mais prático e concreto fornece as "representações auxiliares que participam de uma primeira aproximação ao desconhecido", andaimes que não devem ser confundidos com um edifício de absoluta solidez.[44] Em *As pulsões e seus destinos*, quinze anos depois, são "idéias extraídas de diversos setores... convenções... determinadas por importantes relações com o material empírico, relações que cremos adivinhar antes que seu conhecimento e demonstração se tornem acessíveis para nós. Apenas após uma profunda investigação do campo de fenômenos de que se trata é possível precisar melhor seus conceitos científicos fundamentais e modificá-los progressivamente, de maneira a estender sua esfera de aplicação tornando-os irrebatíveis. Este poderá ser o momento de concretizá-los em definições. Mas o progresso do conhecimento também não tolera a inalterabilidade das definições... e os 'conceitos fundamentais' fixados em definições experimentam uma perpétua modificação de conteúdo".[45] O ir e vir de Freud é bastante evidente. Os recursos iniciais são continuamente reconvocados para fazer avançar o conhecimento. No horizonte freudiano, a metapsicologia pretende gradualmente construir o edifício, procurando concretizar o projeto de fazer o inconsciente ingressar no campo da ciência. Porém, como assinala Assoun, este ingresso se dá por uma ruptura do próprio conceito de ciên-

---
43. Idem, p. 196-197.
44. Freud, S.: A *interpretação dos sonhos*, cap. VII, in *Obras Completas, op. cit.*, vol. I, p.672.
45. Freud, S.: "As pulsões e seus destinos", in *Obras Completas, op. cit.*, vol.II, p. 2039.

cia. "A metapsicologia é o dispositivo inédito fabricado por Freud para dar forma de racionalidade *ad hoc* a este imperativo de *não esquecer o inconsciente* ... é essa racionalidade que comporta uma transgressão secreta em relação às formas recenseadas de racionalidade. Mas ela é também, e fundamentalmente, recusa de abandonar o inconsciente à irracionalidade."[46]

Construída para dar forma conceitual ao incessante questionamento que nasce na experiência da clínica, a metapsicologia está destinada ao inacabamento. As convenções e representações auxiliares iniciais são, por certo, elaboradas a ponto de produzir uma superestrutura teórica mas, se Freud nunca conclui seu projeto de sistematizá-la como pretendia é, entre outros motivos, porque, como a atividade psíquica que se propõe a apreender, a reflexão metapsicológica é da ordem de um contínuo trabalho de retomada, regido pelas mesmas injunções e leis de seu objeto. A metapsicologia não se constitui como um saber estabelecido, não encontra repouso como teoria, embora, como Assoun observa, seja um esforço de pontuação, uma "pós-escritura" do que é mobilizado na escuta analítica, uma atividade necessária para não deixar "ao improviso" o entendimento das percepções e intuições que se produzem na experiência singular da clínica. O *trabalho metapsicológico* confere à psicanálise uma legitimidade enquanto conhecimento; a natureza deste trabalho, por outro lado, confere à reflexão psicanalítica uma condição epistêmica específica que não deve deixar de ser considerada, para não se incorrer no desvio de regularizar ou reduzir à força as manifestações de seu objeto. A natureza da atividade metapsicológica é tão inédita quanto a descoberta/invenção da psicanálise e, fazendo um interessante contraponto às palavras de Freud citadas acima, Assoun a formula nos termos do seu próprio modo de produção: "Devemos tomar ao pé da letra a noção de uma *Darstellung* metapsicológica: como 'descrição', ela é fundamentalmente 'formalização' (*Gestaltung*) e 'pintura' (*Schilderung*). Existe, com efeito, uma arte metapsicológica como existe uma arte pictórica: esse 'quadro' de três dimensões (tópica-econômica-dinâmica) evolui sem cessar, 'por pinceladas',

---

46. Assoun, P.-L.: *Metapsicologia freudiana, uma introdução*. Rio de Janeiro, Jorge Zahar Ed., 1996, p.30.

buscando incansavelmente demarcar seu objeto... Visão de um quadro de conjunto, de tal modo tudo se mantém no afresco metapsicológico, mas as modificações podem assinalar-se bruscamente, não importa de que 'lado' do quadro, e exigem então que se redesenhe o conjunto, ou que se desloquem seus 'painéis' em diversas articulações para fazer justiça ao 'detalhe' novo."[47]

Imagem, figura, metáfora

O inacabamento da metapsicologia não é da ordem de uma insuficiência a ser superada pela evolução do seu instrumental ou pela passagem do tempo que consolidaria um saber. É, ao contrário, sua marca registrada, garantia de sua procedência e legitimidade, efeito de uma inevitável abertura ao inédito, à contínua constituição e transformação de seu objeto. A miragem científica de Freud desloca-se permanentemente, mantendo, como qualquer miragem, a ilusão de que a distância até ela pode ser reduzida pelos passos do pensamento.[48] O imaginário permanece ativo na construção da teoria não como coadjuvante, nem como obstáculo, mas como substrato inseparável e constitutivo, por seu conteúdo e suas operações, do conhecimento que se produz neste intervalo. Mais do que uma substituição progressiva de representações auxiliares, a atividade metapsicológica implica, como indicam as reflexões dos autores que acompanhei, um trabalho de transformação e elaboração que contém mas não desativa as operações do imaginário, recobre mas não apaga suas marcas de origem.

No trabalho da metapsicologia, como na clínica, a presença da imagem tem um estatuto específico que não se detém na fruição

---

47. Idem, p.14.

48. A este respeito, Patrick Lacoste comenta que o empenho de Freud em fazer valer a capacidade de representação psíquica sobre as percepções sensoriais esbarra permanentemente na impossibilidade de suspender a interação entre os dois planos. O progresso preconizado em *Moisés e o monoteísmo* fica por se realizar. "Pensamento-pai e pensamento-mãe seriam evidentemente reveladores (no sentido fotográfico) um do outro. Semelhante perspectiva autoriza a paráfrase: o edifício teórico da psicanálise foi construído sobre as ruínas do templo da imagem". In Lacoste, P.: *Psicanálise na tela*, Rio de Janeiro, Jorge Zahar Ed., 1991, p.133.

sensorial e que também ultrapassa a intenção de ilustrar ou de exemplificar, uma vez que para tornar perceptível e comunicável uma idéia ou conteúdo psíquico são empregados os mesmos meios de produção deste psíquico. Imagens recortadas dos mais diversos setores de sua vida são evocadas por Freud, alimentando a profusão de metáforas que ele emprega não apenas como exercício do seu talento de escritor ou por efeito da transformação de suas fantasias pessoais, mas também por um imperativo teórico. A apresentação de um conteúdo inacessível diretamente ao pensamento *é tanto produção de uma forma quanto constituição deste conteúdo como propriamente psíquico*, e a estética se integra ao método de investigação produzindo uma linguagem conceitual permeada por efeitos literários. Na escrita, como na escuta analítica, *a imagem é a modalidade experiencial* que afeta a linguagem trazendo, embora encoberta, a presença de algo que permanece inapreensível pelas palavras e despertando nelas sua liberdade metafórica. No limiar entre o sensorial da imagem e a abstração da linguagem verbal, *a figura é recepção, trânsito e transformação*, ponto de encontro, passagem de mão dupla que suspende a imagem de sua fascinação perceptiva e, ao mesmo tempo, introduz o sensível nas pretensões totalizantes da linguagem. Nas operações da linguagem, *a metáfora recolhe o trabalho da figura*, resgata e elabora a experiência de sua própria origem.

Ponto de partida em direção ao pensamento e à linguagem, a imagem, em meio ao trabalho metapsicológico, dá testemunho da presença de um resto, do não sabido ou não pensável que solicita e promove continuamente a criatividade conceitual; da mesma maneira, surgindo na escuta do analista em ressonância com a fala do analisando, a imagem é a presença de um resto permanente e constitutivo que, como sugere Fédida, "solicita o terapeuta na fonte de sua linguagem, colocando esta última à prova de sua renovação, de sua potência poiética."[49] Num belo texto em que trabalha o surgimento do sentido, ele aproxima a produção da metáfora na escrita e na interpretação psicanalítica como um efeito de desvelamento, um "encontro de surpresa" entre as palavras e as coisas.[50]

---

49. Fédida, P.: "Do sonho à linguagem", in *Nome, figura e memória, op, cit.*, p. 15.
50. Fédida, P.: "L'objeu. Object, jeu et enfance", in *L'absence*, Paris, Gallimard, 1978, p. 107.

Este encontro entre os restos das coisas vistas e ouvidas, que não é um simples retorno, embora seja, por certo, um trabalho da memória, é mediado pela figura. É também um reencontro de possibilidades de sentidos.

A singular condição da imagem na psicanálise toma como referência o capítulo VI da *Interpretação dos sonhos*. Referindo-se ao conteúdo manifesto, Freud é enfático em distingui-lo de qualquer reprodução pictórica e introduz o compromisso com a linguagem afirmando que as imagens oníricas articulam-se à maneira de uma escritura hieroglífica, como um enigma, um rébus, a ser traduzido em palavras. Toda a dificuldade de compreendê-las, até então, resultou do equívoco de tomá-las por sua imediata aparência e não, como ele propõe, por uma escritura. Mais adiante, ao introduzir a noção de figurabilidade, ele lembra ao leitor que a elaboração onírica, ao transformar as idéias abstratas do conteúdo latente em material concreto que se representa em imagens, não pretende que estas sejam compreendidas. Ao contrário, a consideração pela figurabilidade aproveita a multiplicidade e a convergência de conexões associativas, a polissemia presente nos termos mais concretos da linguagem, justamente para produzir a condensação e o disfarce eficaz do conteúdo latente. A regressão provê os restos sensoriais, predominantemente visuais, os elementos desta composição.[51] Assim, a visualidade do sonho é uma *produção* da qual a imagem participa como colocação em figuras. São, como sugere mais uma vez Fédida, "imagens que tiram seu aspecto plástico visual de uma matéria sensorial de origem mnésica e com destino narrativo".[52]

Porém, há muito mais na formulação das imagens do sonho como um rébus ou como escritura hieroglífica do que um convite ao deciframento ou à tradução de um conteúdo e Fédida trabalha, na continuidade de suas reflexões[53], um hermetismo da imagem que a faz portadora de uma lógica não semântica e a-gramática. Presente

---

51. A propósito da regressão e do privilégio do visual ver neste trabalho, Estudo III, p.74 e ss.
52. Fédida, P. : "O sopro indistinto da imagem", in *O sítio do estrangeiro, op. cit.*, p. 176 .
53. Idem, p. 179 e ss. Fédida é um autor que se dedica particularmente ao estudo das condições da linguagem na situação analítica e a profundidade de suas reflexões sobre a imagem e a figura justifica, além das minhas preferências pessoais, as freqüentes referências aos seus textos.

nas escrituras arcaicas pictográficas e ideogramáticas, este hermetismo da imagem comporta a manifestação de múltiplas dimensões temporais e sensoriais, visuais e fônicas, estranhas aos códigos de leitura discursiva articulados semânticamente. Para além do roteiro imaginário das fantasias inconscientes que se expressam pelos rearranjos das representações, a dissolução das articulações lógicas entre os pensamento, efeito da regressão, dá a ver uma *atividade de imaginação* – como uma outra lógica organizadora da imagem – subjacente a qualquer pensamento, ainda que o mais abstrato.

Apoiando-se nas reflexões de Paul Klee, Fédida encontra um movimento inesperado em que a concepção do sonho como enigma a ser decifrado, escrita a ser traduzida, tal como enunciada por Freud, mostra seu avesso numa natureza poético-criativa da imagem hieroglífica enquanto ponto de germinação e campo de direções potenciais de sentidos. A imagem concentra pictoricamente um poder de disseminação, um caos como possibilidade de criação e, portanto, é como o ar, o meio, o "sopro" no qual a linguagem respira e vive. Ponto de convergência de sentidos, a palavra acolhe, em sua polissemia, as possibilidades disseminadas pela imagem. Uma escritura de imagens comporta, então, uma legibilidade que é da ordem de uma decisão num instante fugaz. Na situação analítica, assim como na escrita metapsicológica, deve ser preservada esta dimensão de *instantaneidade*. Falar da imagem, sobre ela, romper forçadamente seu silêncio por uma fala interpretativa da natureza de uma competência tradutiva é, no contexto destas elaborações, um equívoco que cria fixidez e determinação em excesso e não preserva a reserva necessária à linguagem para que ela respire. A fala que respeita esta condição e que a mantém em seu movimento é a fala metafórica, alimentada por uma escuta analítica que acolhe as imagens como figuras.

A metáfora aproxima a fala do analista da produção poética que Freud não deixa de mencionar em suas formulações sobre a figurabilidade. Tal fala metafórica, que toca a interpretação em momentos felizes da análise, *implica um escutar que transcende o compreender*. "A fala do paciente deve encontrar na escuta do analista uma possibilidade de germinação", diz Fédida, enfatizando ainda que esta possibilidade alimenta-se das atividades criativas do analista em sua vida pessoal, "na via estética de sua relação com as coisas".[54] Examinando a presença da metáfora na interpretação psicanalítica, Helena Rosenfeld observa que, no discurso poético, a metáfora "tenta franquear o intervalo entre imagem e palavra... tenta compensar a perda do imediato, perda fatal do ato de falar; *tende a recuperar a figura*, persegue a sensação e o sabor da imagem... A metáfora é o resultado do trabalho que o discurso verbal realiza com a imagem, é imagem trabalhada pela palavra". A metáfora é um efeito de transformação pelo qual "a palavra deixa de ser corriqueira e a imagem deixa de ser muda".[55] A assimetria entre a poltrona e o divã que vigora no dispositivo analítico, a exclusão do analista do campo visual do analisando, o silêncio em que ele se reserva enquanto aguarda, ainda um pouco mais, o momento de uma intervenção que não seja da ordem de um desempenho ou de um preenchimento discursivo, criam um intervalo no qual se instala a dessignificação, alimentando o surgimento de figuras, o jogo entre as coisas e as palavras que movimenta a criatividade na linguagem. Também a teoria alimenta-se deste jogo de maneira a não se tornar pura abstração discursiva, engessamento de conceitos cristalizados. A dessignificação, a colocação em figuras e o jogo metafórico devem ocorrer também com os conceitos de modo a protegê-los da dogmatização. O trabalho de análise e o trabalho metapsicológico encontram assim sua referência no trabalho do sonho.

As palavras do analisando mobilizam a escuta do analista e desta emerge uma fala que se destina à interpretação ou, por vezes, à construção. "Ambas são *formadas* pelas imagens do sonho e por sua fragmentação associativa", diz ainda Fédida. Embora de maneiras diferentes, "ambas pressupõem que a atenção flutuante seja tanto reguladora das condições favoráveis à fala do analisando quanto disposição interna para que, no analista, a linguagem seja receptiva às tonalidades páticas das imagens, assim como à sua criatividade verbal."[56] Em outra passagem, ele acrescenta: "A

---

54. Fédida, P.: "L'objeu. Object, jeu et enfance". In *L'absence*, *op. cit.*, p. 142.

55. Rosenfeld, H.: *Palavra pescando não-palavra, a metáfora na interpretação psicanalítica*. Dissertação de mestrado apresentada ao Programa de Estudos Pós-Graduados em Psicologia Clínica, na PUC-SP, em 1996, p. 65-67. Publicada pela Casa do Psicólogo, em 1998.(grifo meu)

56. Fédida, P. : "A ressonância atonal..." . In *Nome, figura e memória...*, *op. cit.*, p.206.

construção pressupõe o invisível dispositivo óptico da situação analítica: mas por ser colocação em figura das relações que a fala temporaliza, a construção restitui ao presente uma visualidade que modifica os lugares do sujeito, mudando a localidade da percepção pela abertura do nome a *outras figuras*".[57]

Referindo-se também às condições da fala em análise, Luis Cláudio Figueiredo afirma que, ao contrário do que se poderia pensar, o *ver* e o *escutar*, tanto na atividade de interpretação quanto na construção, não se destinam essencialmente "à tarefa de dar, esperar ou procurar razões", mas sim a "acolher o inaudível e o invisível, dando uma figurabilidade mínima para que, antes de qualquer objetivação, algo possa vir a ser, para que algo se mostre".[58] Tanto quanto a interpretação, a construção é uma fala que "descontextualiza, destece a realidade homogênea para acolher o heterogêneo, o surpreendente", funcionando como um dispositivo *desrealizante*. Acompanhando o texto "Construções em análise", de 1938, Figueiredo encontra as referências à arqueologia – tão cara a Freud e tantas vezes comparada ao ofício do analista – e, com o suporte de algumas reflexões de Laplanche, mostra como a atividade de construção na análise *destina-se a recompor fragmentos* que, como peças arqueológicas, são mais interessantes por si mesmos do que para serem integrados ao campo das razões, ainda que possam servir para uma reconstrução histórica. A construção de um fragmento produz emergências pulsionais, efeitos da natureza de uma *convicção* que nada tem em comum com o convencimento por meio do intelecto e da razão. Como a interpretação tocada pela metáfora, a construção mobiliza e afeta e, sem ser imposta ao analisando em termos de correspondência com a realidade, pode ser apenas *apresentada* e fazer seu caminho. Boas construções *dão a ver e a sentir* vivências soterradas, fragmentos com os quais é possível fazer uma experiência e "dar figurabilidade ao que perdeu ou nunca teve uma figura apta a participar de um processo de elaboração ... ao que sempre existiu apenas como fragmento desligado, como possibilida-

---

57. Fédida, P.: "A linguagem à obra da figura". In *Nome, figura e memória, op. cit.*, p. 82.
58. Figueiredo, L. C.: "Pensar, escutar e ver na clínica psicanalítica". In *Percurso*, n016, S. Paulo, 1966, p. 85-89.

de abortada de ligação: uma cena traumática, uma intensidade afetiva, um acontecimento inconcluso". A eficácia da construção deriva da sua disponibilidade para *apresentar um passado e uma verdade histórico-vivencial*. Ainda acompanhando o texto de Freud, Figueiredo sublinha a aproximação entre as construções que ocorrem ao analista mobilizado pela fala do paciente e os delírios psicóticos. "Delirados" pelo analista, os fragmentos que se dão a ver em sua escuta libertam-se da tutela da razão, "saltam para fora" de seu campo e aproximam-se do trabalho do sonho.

De seu interesse pela arqueologia, Freud extrai as comparações entre o ofício do analista e o do arqueólogo, assim como recorre à biologia, à literatura, à física e a outros campos e atividades para com eles tecer as construções que dão visualidade ao seu pensamento e fazem da atividade metapsicológica também uma modalidade de experiência de criação da linguagem. Da arqueologia, ele já havia recortado as peças/imagens das escrituras hieroglíficas que lhe inspiram a metáfora do psiquismo como aparelho de escrita, retomada no ensaio "Múltiplo interesse da psicanálise", de 1913. Ela é mantida, ao longo de toda a obra, lado a lado com o modelo do aparelho óptico, e será melhor explicitada no texto "O bloco de notas mágico", de 1925. A atividade metapsicológica, como a escuta psicanalítica, também se deixa surpreender pelo encontro das palavras com as coisas e daí faz surgir o inédito que toma forma em seus modelos. Na convivência dos dois aparelhos no pensamento de Freud, na multiplicidade de suas refrações, nos momentos em que um *quase* se transforma no outro, desvela-se incessantemente o impossível preenchimento de um intervalo no qual continua a se desenhar a figura.

Considerações...

"Nada é fixo para aquele que alternadamente pensa e sonha..."
Gaston Bachelard

    Afinal, o que dizer da fonte e do destino, da formação e das operações das imagens que nos surpreendem no curso de uma sessão? A pergunta inicial retorna e se relança na provisoriedade destas páginas que, a bem da verdade, não poderiam pretender qualquer finalização.
    Passado um século, é ainda preciso – e precioso – ler e reler Freud. Não para repetir o que ilusoriamente pode ser tomado como já sabido em suas formulações, mas para continuar a interrogá-lo, tensionar as fronteiras do seu pensamento, trabalhar seus limites e possibilidades. Tal é o espírito que orienta esta investigação sobre a figura, noção presente desde as origens na reflexão freudiana, tratada quase sempre como um recurso expressivo mas pouco explorada em sua dimensão produtiva. À luz dos desdobramentos promovidos pelos avanços teóricos mais tardios de Freud, retomar esta noção e examinar suas potencialidades corresponde a ampliar seu alcance para além das situações nas quais o pensamento clínico e teórico está habituado a considerá-la.
    A psicanálise é um método figural. Operando nas passagens do corpo à linguagem, da pulsão à representação, do acontecimento à historização subjetiva, a figura exprime, dá forma e, continuamente, constitui e alimenta o pensamento. Construção e desconstrução se conjugam, apropriando-se dos fragmentos da memória e da instantaneidade visual para tomar parte em um trabalho de permanente atualização subjetiva. Na escuta flutuante do analista, a figurabilidade é concebida inicialmente como uma

recepção que permite tornar legível o recalcado, tornar consciente o inconsciente. Mais adiante, à luz do último período da produção freudiana, esta recepção pode ultrapassar, sem excluir, sua proposição inicial, e abrir-se a uma modalidade de escuta comprometida com as possibilidades criativas e transformadoras da linguagem na análise. Uma escuta de natureza *estética* é a condição de um fazer analítico de natureza *poiética*, que relança o sujeito no movimento de sua própria historização.

Na produção literária, aberta à incessante criação do sentido, a figura é o modo de apreensão e inscrição da realidade e da história. No processo analítico, igualmente, é um modo de recepção que trabalha na produção da realidade psíquica e da história subjetiva. A figura opera o que, numa feliz formulação, Nelson da Silva Jr. nomeia como "abertura iminente para um passado imprevisível". Sublinhando que a história de cada um é criação do inconsciente a ser retomada no processo analítico, este autor refere-se à historicidade psicanalítica como "abertura para a transformabilidade imprevisível dos sentidos do cotidiano e do destino". A finalidade da situação psicanalítica é "*cuidar desta abertura*, isto é, conservar aberta a possibilidade de uma passagem entre a realidade e as lembranças".[1] A escuta figural, como procurei enfatizar nos estudos que compõem esta pesquisa, é um modo de promover e preservar esta abertura.

Como produção de uma forma sensível, plástica, a figura aproxima a reflexão metapsicológica do debate presente no campo da estética a respeito da relação dialética que, na obra de arte, conjuga intensidade e forma . A criação artística é da ordem de uma *formação* que torna apreensível, mas não dissipa, a força que a engendrou e esta retorna no efeito, por vezes inquietante, que a obra promove. Freud não deixou de considerar esta última possibilidade em seu texto "O estranho" (*Das Unheimliche*), de 1919, ao enfatizar a formulação de Schelling segundo a qual "*Unheimlich* seria tudo o que deveria ter ficado oculto, secreto, mas que acabou por se manifestar".[2] Na situação analítica, a figurabilidade é

---
1. Silva Jr. N.: "Modelos de subjetividade em Fernando Pessoa e Freud. Da catarse à abertura de um passado imprevisível", in Pereira, M . E. C. (org.) , *Leituras da psicanálise. Estéticas da exclusão, op. cit.*, p.145-146.
2. Freud, S. : "O estranho", in *Obras Completas, op. cit.*, vol. III, p. 2487.

também trabalho de formação que não se limita a simbolizar ou a representar; a figura é forma dotada de presença, é trabalho de *recepção* e *apresentação*. Promove, assim, a vivência de uma certa desorientação, na medida em que turva o limite entre a realidade externa e a realidade psíquica, entre o que se vê *diante* dos olhos e uma visualidade de *dentro*. Uma porta aberta, um *limiar* cuja passagem pode ser convidativa ou ameaçadora, como sugere George Didi-Huberman, em um livro cujo título instigante é "O que vemos, o que nos olha".[3] Este limiar, que se abre a cada um que tenha diante de si uma obra artística, plástica ou literária, é o mesmo que se coloca à escuta analítica surpreendida pelas imagens/figuras. Limiar interminável do olhar, que convida a linguagem a procurar transpô-lo – como Freud diante da estátua de Moisés – mas que ao mesmo tempo a transforma em produção de sentido na qual o próprio intérprete não deixa de estar implicado.

A figura trabalha entre a forma plástica e a linguagem, sustentando as tensões e as passagens entre uma e outra e convidando a reflexão psicanalítica a explorar suas fronteiras com a arte, em particular com a pintura e a literatura. Não são poucas as questões propostas por esta abertura, imprevisível talvez para Freud, sensível ao parentesco mas tão cauteloso em suas aproximações. Sendo a clínica o terreno em que nasce esta interlocução e a metapsicologia o edifício interminável que ela contribui para construir, é possível que, passado um século, Freud não reprovasse seus descendentes por se arriscarem a assumir a dimensão criativa de sua descoberta/invenção, o método psicanalítico, sem recear pelo reconhecimento e legitimidade do conhecimento que ele produz.

Os estudos reunidos nesta pesquisa apostam nesta possibilidade. Partindo de inquietações da clínica, interrogam a metapsicologia e alimentam-se do diálogo com a teoria literária para, talvez com um pouco de ousadia, afirmar que o trabalho do sonho pode continuar a ser a referência segura do trabalho da análise, desde que se possa expandir seu alcance. Uma concepção da figura entre a apre-

---

3. Didi-Huberman, G.: *Ce que nous voyons, ce qui nous regarde.*, Paris, Éditions de Minuit, 1992. A respeito da figurabiliade em relação à dialética entre forma e intensidade, p. 178-179. A respeito da imagem como limiar, ver p. 184-185.

sentação e a representação permite fazer da escuta analítica uma escuta figural, abertura em que tanto se pode reconstruir o sentido, quanto transformá-lo ou inaugurá-lo. A ampla gama de sentidos que a noção de figura percorre e preserva na teoria literária indica à reflexão metapsicológica a potência de origem do conceito, esvaziada ou encoberta por um uso teórico cristalizado e empobrecido ao longo dos anos, assim como pode sugerir uma estreita analogia com as operações da figura, da percepção à linguagem, no dispositivo analítico, no trabalho de constituição do pensamento.

Inicialmente pensados isoladamente, os cinco estudos acabaram por se alinhavar acompanhando as direções traçadas na Introdução, mas deixam espaços nos quais emergem novas questões. Caberia indagar, por exemplo, pelos demais processos associativos que, também presentes no trabalho do sonho, recorrem a outros modos sensoriais que não a visualidade. As sonoridades, a propriocepção, o tato, o olfato e o paladar, enfim, o corpo fornece na análise numerosos indícios que, de maneiras menos evidentes, são experimentados pelo analisando e, por certo, também produzem seus efeitos no analista. É bastante provável que sigam os mesmos caminhos indicados pela visualidade, ou seja, a regressão a seus elementos perceptivos inaugurais, o afrouxamento de ligações que lhes permitiria participar de novas conexões. Não foram tão raras as ocasiões em que, em minha poltrona, fui surpreendida por um fragmento musical, por um perfume ou até por um movimento involuntário e repetitivo como os que, durante o sono, ocorrem nos breves momentos em que a inibição motora é vencida pela intensidade da experiência onírica...

Penso, ainda, no desafio que se coloca a esta dimensão criativa do fazer psicanalítico numa época que se caracteriza pela presença maciça da imagem nos meios de comunicação. Um artigo lido recentemente assinala a onipresença dos meios visuais, uma verdadeira cultura do vídeo-clipe, na qual "a fascinação da imagem desmorona a privacidade da mente e anula os espaços do pensar, sem requerer nem provar inteligibilidade".[4] O avanço desta cultura dificulta o pensar em profundidade e perturba a elaboração dos lutos

---
4. Ahumada, J. L.: "O papel do analista na Era da Imagem: problemáticas e desafios". *Boletim de Novidades Pulsional*, no.105, jan. 1998, p.9 e ss.

iniciais e das separações psíquicas, facilitando a utilização de defesas autístico-miméticas e dificultando o contato com a carência e a dor psíquica, e a organização dos processos mediadores pré-conscientes. Na Era da Imagem, prossegue o autor, "a maioria dos que nos consultam carece dos espaços mentais indispensáveis". Caberia à situação analítica propiciar a instauração destes espaços que viabilizam a experiência emocional, a construção do sentido e a historização, cuidando de não deslizar para uma lógica do vazio na qual um certo creacionismo verbal seria antes o produto da autoexpressão do analista do que construção do psíquico na análise. Preservando as passagens entre a imagem e a linguagem, a escuta figural talvez seja hoje um dos poucos recursos para enfrentar o avanço do esvaziamento psíquico e restaurar, no lugar do video-clipe, o trabalho do sonho e o do pensamento.

Referências bibliográficas

ABRAHAM, N. "A casca e o núcleo". In *A casca e o núcleo*, S. Paulo, Escuta, 1995.

AHUMADA, J. L. "O papel do analista na Era da Imagem". *Boletim de Novidades Pulsional*, 105, S. Paulo, Jan. 1998.

ASSOUN, P.-L. "O objeto metapsicológico". In *Metapsicologia freudiana, uma introdução*. Rio de Janeiro, Jorge Zahar Ed., !996.

AUERBACH, E. "Figura". In *Figura*, S. Paulo, Ática, 1997.

———. "Epilogo". In *Mimesis: La representácion de la realidad en la literatura occidental*, México, Fondo de Cultura Económica, 1995.

AULAGNIER, P. *La violencia de la interpretación. Del pictograma al enunciado*. Buenos Aires, Amorrortu, 1975.

BIRMAN, J. "Estilo de ser, maneira de padecer e construir". *Percurso*, nº18, S. Paulo, 1997.

———. "Eu não sou nada mas posso vir a ser. Sobre a luminosidade e a afetação entre a pintura e a alteridade". *Cadernos de Subjetividade*, vol. 3, nº 1, S. Paulo, 1995.

———. "Estranhas passagens entre estesia e alteridade. Sobre a problemática do sujeito no discurso freudiano". *Cadernos de Subjetividade*, vol. 3, nº 2, S. Paulo, 1995.

BOSI, A. "Fenomenologia do olhar". In Novaes, A . (org.), *O olhar*, S. Paulo, Companhia das Letras, 1988.

CASTORIADIS, C. "Epilegômenos a uma teoria da alma que se pôde apresentar como ciência". In *As encruzilhadas do labirinto*, S. Paulo, Paz e Terra, 1997.

———. "A psicanálise: projeto e elucidação". In *As encruzilhadas do labirinto, op. cit.*

CHADWICK, O. *The secularization of the european mind in the 19th century*, Cambridge University Press, 1975.

CHALUMEAU, J. –L. *Klee*. Paris, Cercle d'art, 1995.

CHÂTELET, M. *História da filosofia. Idéias, doutrinas*. Rio de Janeiro, Zahar Editores, 1981.

CHAUÍ, M. "Janela da alma, espelho do mundo". In Novaes, A. (org.), *O olhar, op. cit.*

CROMBERG, R. "Algumas coordenadas de leitura de A *interpretação dos sonhos*". In Alonso, S. e Leal, A. M. S. (org.) *Freud: um ciclo de leituras*, S. Paulo, Escuta, 1997.

DELOUYA, D. "Sob o olhar de Goethe". *Percurso*, nº 18, S. Paulo, 1996.

DIDI-HUBERMAN, G. *Ce que nous voyons, ce qui nous regarde*. Paris, Éditions de Minuit, 1992.

ELIADE, M. "Os olímpicos e os heróis". In *História das idéias e crenças religiosas*, Vol. I, Porto, Rés Editorial, sem data.

FÉDIDA, P. "L'objeu. Object, jeu et enfance. L'espace psychothérapeutique". In *L'absence*. Paris. Gallimard, 1978.

————. *Nome, figura e memória*. S. Paulo, Escuta, 1991.

————. "O sopro indistinto da imagem". In *O sítio do estrangeiro*, S. Paulo, Escuta, 1996.

————. "A regressão". In *O sítio do estrangeiro, op. cit.*

FIGUEIREDO, L. C. "Pensar, escutar e ver na clínica psicanalítica". *Percurso*, nº 18, S. Paulo, 1996.

FLEM, L. *O homem Freud, o romance do inconsciente* Rio de Janeiro, Campus, 1993.

FREUD, S. *Obras Completas*, Madrid, Biblioteca Nueva, 4ª ed.., 1981.

————. (1887-1902) *As origens da psicanálise*. Vol. III.

————. (1900) *A interpretação dos sonhos*. Vol. I.

————. (1900) *Psicopatologia da vida cotidiana*. Vol. I.

————. (1905) *Análise fragmentária de uma histeria*. Vol. I.

————. (1909) *Análise da fobia de um menino de cinco anos*. Vol. II.

REFERÊNCIAS BIBLIOGRÁFICAS

―――. (1912) Conselhos ao médico no tratamento psicanalítico. Vol. II.

―――. (1913) O Moisés de Michelangelo. Vol. II.

―――. (1913) O início do tratamento. Vol. II.

―――. (1914) História de uma neurose infantil. Vol. II.

―――. (1915) O inconsciente. Vol. II.

―――. (1915) A elaboração onírica. Conferência XI. Vol. II.

―――. (1915) As pulsões e seus destinos. Vol. II.

―――. (1915) Considerações atuais sobre a guerra e a morte. Vol. II.

―――. (1919) O estranho. Vol. III.

―――. (1920) *Mais além do princípio do prazer*. Vol. III.

―――. (1922) Observações sobre a teoria e a prática da interpretação dos sonhos. Vol. III.

―――. (1922) Psicanálise e teoria da libido. Dois artigos de enciclopédia. Vol. III.

―――. (1923) *O ego e o id*. Vol. III.

―――. (1932) Revisão da teoria dos sonhos. Vol. III.

―――. (1937) Análise terminável e interminável. Vol. III.

―――. (1938) *Moisés e a religião monoteísta*. Vol. III.

GARCIA-ROZA, L. A. *Introdução à metapsicologia freudiana - 1*, Rio de Janeiro, Zahar, 1991.

―――. *Introdução à metapsicologia freudiana - 2*, Rio de Janeiro, Zahar, 1993.

HANNS, L. *Dicionário comentado do alemão de Freud*, Rio de Janeiro, Imago, 1996.

HUOT, H. *Do sujeito à imagem. Uma história do olho em Freud*, S. Paulo, Escuta, 1991.

KACELNIK, J. *Análise em língua estrangeira*. Dissertação de mestrado apresentada ao Programa de Estudos Pós-Graduados em Psicologia Clínica da PUC-SP, maio, 1998.

KON, N. M. *Freud e seu duplo*. S. Paulo, EDUSP/FAPESP, 1996.

LACOSTE, P. *Psicanálise na tela. Pabst, Abraham, Sachs, Freud e o filme "Segredos de uma alma"*. Rio de Janeiro, Jorge Zahar Ed., 1991.

———. "Scène, l'autre mot". *Nouvelle revue de psychanalyse*, n° 44, Paris, Gallimard, 1991.

LAPLANCHE, J. e PONTALIS, J.-B. *Vocabulário de psicanálise*, S. Paulo, Martins Fontes, 1991.

LIMA, A . S. L. e col. *Pulsões. Uma orquestração psicanalítica no compasso entre o corpo e o objeto*. Petrópolis, Vozes, 1995.

LOUREIRO, I. "Notas sobre o enigma do dom artístico". *Cadernos de subjetividade*, vol. 3, n°1, S. Paulo, 1995.

LYOTARD, J.-F. *Discours, figure*, Paris, Klincksieck, 1985.

LE GUEN, C. "Introdução". In *A dialética freudiana I. Prática do método psicanalítico*. S. Paulo, Escuta, 1991.

MAHONY, P. "As dimensões dos escritos de Freud". In *Freud como escritor*, Rio de Janeiro, Imago, 1992.

———. "A funcionalidade do estilo". In *Freud como escritor, op. cit.*

MENEZES, L. C. "Além do princípio do prazer: a técnica em questão". In Alonso, s. e Leal, A . M. S.(org.) *Freud: um ciclo de leituras*, S. Paulo, Escuta, 1977.

MERLEAU-PONTY, M. "Em toda e em nenhuma parte". In *Os pensadores: Merleau-Ponty*, S. Paulo, Abril Cultural, 1984.

MEZAN, R. "As voltas com a história". In *Freud, pensador da cultura*. S. Paulo, CNPq/Brasiliense, 1985.

———. "A Medusa e o telescópio ou Vergasse 19". In Novaes, A . (org), *O olhar, op.cit.*

———. "Metapsicologia/Fantasia". In *Figuras da teoria psicanalítica*, S. Paulo, Escuta/EDUSP, 1995.

———. "Viena e as origens da psicanálise". In Perestrelo, M. A . *A formação cultural de Freud*, Rio de Janeiro, Imago, 1996.

MIJOLA, A . *Les mots de Freud*. Paris, Hachette, 1982.

PONTALIS, J. -B. "A atração do sonho". In *A força de atração*, Rio de Janeiro, Jorge Zahar Editor, 1990.

―――――. "Entre le rêve-object et le texte rêve". In *Entre le rêve et la douleur*, Paris, Gallimard, 1977.

―――――. "Perder de vista". In *Perder de vista. Da fantasia de recuperação do objeto perdido*, Rio de Janeiro, Zahar, 1991.

ROSENFELD, H. K. *Palavra pescando não-palavra. A metáfora na interpretação psicanalítica*. S. Paulo, Casa do Psicólogo, 1998.

SCHNEIDER, M. *Père, ne vois tu pas...?* Paris, Denoel, 1985.

SILVA Jr., N. "Modelos de subjetividade em Fernando Pessoa e Freud. Da catarse à abertura de um passado imprevisível". In Pereira, M. E. C. (org.) *Leituras da psicanálise. Estéticas da exclusão*. Campinas, Mercado das Letras, 1998.

TANIS, B. *Memória e temporalidade. Sobre o infantil em psicanálise*, S. Paulo, Casa do psicólogo, 1995.

UCHITEL, M. *Além dos limites da interpretação, indagações sobre a técnica psicanalítica*, S. Paulo, Casa do Psicólogo, 1997.